KB072274

동인랑
동인랑
동인랑
동인랑
동인랑
동인랑
동인랑
동인랑
동인랑
동인랑
동인랑
동인랑
동인랑
동인랑
동인랑
동인랑
동인랑

동인랑

여러분의 외국어 학습에는 언제나 **(주)동인랑**이 성실한 동반자가 되어줄 것입니다.

여행을 떠나기 앞서...

우리말 발음이 함께 있는 아주 쉬운 여행 베트남어!

큰 맘 먹고 떠나는 베트남 여행!

낯선 나라에 대한 호기심과 즐거움 보다는 덜컥 겁부터 먼저 나지는 않나요? 게다가 **'얼마입니까?', '이건 무엇입니까?', '더 주십시오'** 와 같은 간단한 말을 못해 소중한 나의 첫 해외여행이 엉망이 되지는 않을지 걱정되고, 갑자기 아프기라도 한다면...

이렇게 많은 걱정거리를 없앨 수 있는 가장 간단한 방법은 그 나라의 말을 할 수 있으면 됩니다. 하지만 얼마 남지 않은 해외여행! 아무리 학원을 다니고 공부를 한다 해도 한마디 말도 할 수 없는 것이 뼈아픈 현실!

시간 없어도 보람찬 베트남 여행을 원하는 여러분을 위해 우리말 발음이 함께있는 **왕초짜 여행 베트남어**를 준비했습니다.

이 책은 처음 베트남 여행을 떠나는 분들을 위해 정성들여 만든 여러분의 파트너이자 여행길의 벗입니다.

끝으로, 이 책에 사용된 베트남어 문장은 **원만한 의사소통을 위해 뜻이 통하는 한도내에서 가능한 짧은 문장위주**로 실었습니다.

즐겁고 보람찬 여행 되세요!

이 책의 특징

1_ 처음 베트남 여행을 떠나는 분들을 위한 왕초짜 여행 베트남어

베트남 여행에 많은 경험과 노하우를 가진 선배 여행자들이 왕초짜 여행자들에게 필요한 문장들만 콕콕 찍어 만든 필수 여행 회화서이다. 처음으로 베트남 여행을 떠나는 분들의 두려움은 줄고, 즐거움은 커지도록 알차게 만들었다.

2_ 해외여행시 꼭 필요한 문장들만 수록 - 우리말 발음이 있어 편리

여행에 꼭 필요한 문장들을 현지인이 알아들을 수 있는 한도내에서 가능한 짧은 문장들로 구성했다. 또한 우리말 발음이 함께 적혀있어 자신있게 말할 수 있다.

3_ 상황에 따라 쉽게 검색해 쓰는 여행 베트남어 회화

여행에서 마주칠 수 있는 상황들을 장면별로 나누고, 바로 바로 찾아 쓰기 쉽게 검색기능을 강화하였다. 베트남어 회화에 자신이 없다면 검색해서 손가락으로 문장을 가리키기만 해도 뜻이 통한다.

4_ 도움되는 활용어휘, 한국어-베트남어 단어장

한국어-베트남어 단어장이 가나다순으로 뒷편 부록에 실려 있어, 이 부분만 따로 분리해 휴대하고 다녀도 안심!

5_ 휴대하기 편한 포켓사이즈

여행시에는 작은 물건이라도 짐이 되는 경우가 많다. 이 책은 휴대하기 편한 포켓사이즈라 짐도 되지 않고, 주머니 속에 쏙 들어가므로 휴대하기 편하다.

여행을 떠나기 앞서_ 7
이 책의 특징_ 8

여행정보

알아둡시다_ 12
준비물_ 14
베트남에 대해_ 16
긴급상황_ 21

기본표현

인사_ 24
첫만남_ 25
대답_ 26
감사/사과_ 27
감정_ 28
허락/금지_ 29
축하/기원_ 30
질문_ 31
가격_ 32
숫자_ 33
시간_ 34
월/일_ 35
요일/계절_ 36
가족_ 37
색깔/방향_ 38
인칭대명사_ 39

출국

탑승_ 42
기내서비스_ 46
활용어휘_ 52

입국

입국심사_ 60
수하물_ 66
세관_ 70
환전_ 74
활용어휘_ 78

길묻기_ 90 버스_ 94
택시_ 98 자전거/씨클로_ 102
기차_ 108 활용어휘_ 114

체크인_ 122 시설이용_ 126
룸서비스_ 130 체크아웃_ 134
활용어휘_ 138

주문_ 146 패스트푸드점_ 152
계산_ 156 활용어휘_ 160

백화점/슈퍼마켓_ 168
옷/신발_ 172 공예품점_ 176
활용어휘_ 180

관광안내_ 188 관광지_ 194
관광버스_ 198 활용어휘_ 202

공연_ 208
술집/디스코텍/스포츠_ 212
활용어휘_ 218

전화

국제전화_ 224 활용어휘_ 230

긴급

분실/도난_ 234 질병_ 238
활용어휘_ 242

귀국

귀국수속_ 250

부록

승차권구입_ 254 분실・도난시_ 255
아플 때_ 257 처방_ 259
도움되는한・베어휘_ 260

những điều cần biết

알아둡시다

해외 여행을 가고자 하는 국가에 대한 기초적인 정보를 미리 알고, 여행 목적에 알맞게 준비를 하면 보람있고 여유 있는 여행을 즐길 수 있다. 여행을 떠나기 전 기초적인 준비사항을 알아보자.

여권 hộ chiếu 호 찌에우

해외여행 중에 여행자의 신분을 유일하게 국제적으로 증명할 수 있는 신분증이다. 국외 체류하는 동안 반드시 휴대하여야 한다.

전국 240여개의 여권 발급 기관에서 발급해준다. 우리나라에서는 2008년 8월부터 신원 정보면의 내용을 칩에 한번 더 넣어 보안성을 강화한 전자여권을 도입하였다.

본인이 직접 신청하는 것이 원칙이며, 기존 전자여권을 한번이라도 발급받은 경우 정부24(http://www.gov.kr)에서 여권재발급을 할 수 있다.

비자 visa 비 자

베트남에서 입국 허가를 공식적인 문서로 허용하는 것으로 베트남의 대사관이나 영사관에서 발행해 주는 입국 추천증이다. 베트남을 여행할 때는 관광 비자를 받으면 되고 5인 이상의 단체로 여행할 때는 여행 단체비자를 받아도 된다.

3개월 이상 유효한 한국 여권을 소지한 우리나라 국민은 입국 후 45일간 베트남에 체류가 가능하다.

무비자 입국후 45일 이상 체류 희망시는 합당한 사유가 있을 경우, 비자 발급 또는 체류기간 연장이 가능하다.

환전 đổi tiền 도이 띠엔

출국하기 전 미리 은행이나 공항의 환전소에서 베트남화폐인 đồng동 으로 바꾼다. 요즘은 트래블 월렛(travel Wallet)과 같은 앱을 이용해 외화를 충전해서 현금인출을 하거나 결제를 바로 할 수 있어 편리하다.

신용카드 thẻ tín dụng 태 띤 중

국내의 Visa비자, Master마스터 등의 국제카드는 베트남에서도 사용할 수 있다. 베트남은 아직 신용거래가 익숙하지 않아서 고급호텔이나 큰 음식점 등에서만 사용이 가능하며 현금을 우선시하므로 유의한다.

항공권 vé máy bay 배 마이 바이

여행사에서 단체로 가는 경우에는 문제가 없으나, 개인 출발이라면 출발 전에 반드시 예약을 재확인하도록 한다. 개인 출발시 항공권의 가격은 회사별로 차이가 많이 난다.

국제운전면허증 bằng lái xe quốc tế 방 을라이 쌔 꾸억 떼

베트남에서 직접 운전할 기회가 많지는 않지만 특별한 경우가 있다면 경찰서나 운전면허 시험장에 신청하여 구비한다.

해외여행보험 bảo hiểm du lich nước ngoài 바오 히엠 주 을릭 느억 응와이

여행자의 필요에 따라 만약의 사태에 대비해서 해외여행보험에 가입하는 것이 좋다.

준비물

아래의 체크 리스트는 해외 여행시 필요한 일반적인 준비물이다. 각자의 상황에 맞게 참고하여 빠진 것 없이 꼼꼼히 준비하도록 하자.

필수품 귀중품	품 목	Y	N
	·여권 VISA포함	☐	☐
	·현금 현지화폐	☐	☐
	·앱 구글지도, 월렛 등	☐	☐
	·신용카드 국제용	☐	☐
	·항공권	☐	☐
	·비상약품	☐	☐

※ 위의 서류들은 꼭 별도로 번호와 발행처를 메모하거나 복사해 둔다.
※ 간단한 비상약품은 꼭 준비해 간다.

선택	품 목	Y	N
	· 증명사진 2매	☐	☐
	· 타월, 칫솔, 치약, 빗, 면도기	☐	☐
	· 시계, 선글라스	☐	☐
	· 화장품, 생리용품, 썬크림	☐	☐
	· 옷, 신발, 우산, 우의, 모자 등	☐	☐
	· 카메라, 충전기, 어댑터	☐	☐
	· 여행안내 책자, 지도	☐	☐
	· 바느질용품, 셀카봉	☐	☐
	· 계산기, 드라이어	☐	☐
	· 김, 김치, 고추장	☐	☐
	· 필기 도구, 메모지	☐	☐

※ 증명사진은 여권 재발급시 필요하다.

※ 어댑터는 콘센트 모양이 다를 경우 사용해야 하므로 휴대한다.

※ 1회용품칫솔, 치약, 면도기 등은 제공되지 않는 곳이 대부분이므로 준비해 간다.

※ 장기간 여행객이라면 밑반찬을 팩에 넣어서 휴대한다.

베트남에 대해

베트남은 S자로 길게 늘어져 있는 모양으로 그 해안선이 약 3,200 ㎞에 달한다. 남북으로 길게 뻗어 있으며, 남부의 기후는 건기와 우기로 나뉘고, 북부는 4계절이 있으나 봄과 가을이 각각 1달 정도로 우리나라보다 짧은 편이다. 베트남의 수도는 하노이 Hà nội 이며, 지리 ·기후적 영향으로 남북부 사람들의 성격과 문화 · 생활 · 언어 등이 차이가 난다.

- **국명_** 베트남 사회주의 공화국 Socialist Republic of Vietnam
- **나라형태_** 사회주의 공화제 공산당이 유일정당
- **독립일_** 1945.9.2
- **위치_** 인도차이나반도 동부, 중국 · 라오스 및 캄보디아에 인접
- **기후_** 북부지역 아열대성, 남부지역 열대몬순
- **년평균기온_** 24.1℃ 한국보다 10℃높음
- **인구_** 약 9,955만명 2024.8월 기준(Nation geo)
- **면적_** 330,341㎢ 한반도의 약 1.5배
- **행정구역_** 5개의 직할시와 58개성으로 구성
- **수도_** 하노이 Hà nội 인구_약 700만 명
- **종족_** Viet족 89%, 타이 · 므엉 · 크메르 등 53개 산악소수민족
- **종교_** 불교신도 12~14%, 로마카톨릭 7~8%, 개신교 등
- **언어_** 베트남어
- **시차_** 한국보다 2시간 늦음

위치와 지형

베트남은 인도차이나반도 동부에 위치하고 있으며, 중국, 라오스, 캄보디아에 인접하고 있고, 최북단과 최남단간 직선거리가 약 1,650km에 이른다.
북부의 '홍 Hong 강' 과 남부의 '메콩 Me Cong 강' 이 주요 생활중심지가 되고 있으며, 높이 2,400m 이상 되는 산이 11개나 있으며, 가장 높은 산은 '판시판 Phan Si Pan' 으로 약 3,143m 이다.
베트남 동쪽의 바다는 일반적으로 '남중국해 South China Sea' 로 표기 되어있지만 베트남은 '동해 East Sea' 라고 부른다.

기후와 계절

북부는 아열대성이고, 중부는 열대 몬순 기후, 남부는 열대성 기후이며, 평균기온은 24.1℃ 북부 : 23.2℃ / 중부: 24.1℃ / 남부: 27.1℃ 이며, 습도는 83%이고, 평균 강수량은 2,151mm로 한국보다 2.4배 높다. 남과 북의 차이가 심하며, 평야지대와 고원지대의 기후도 매우 다르다.
하노이는 춘하추동이 비교적 뚜렷하며, 평균기온이 겨울(12~2월)에는 10℃~16℃, 여름(4~10월)에는 37℃~40℃에까지 이르며, 특히 습도가 높아 체감 온도는 훨씬 높게 느껴진다.
호치민시와 메콩 델타 지역의 연평균 기온은 26.9℃로 우기와 건기로 나뉘는데 우기는 5월~10월, 건기는 1월~3월이다.
하노이를 비롯한 북부 및 중부 지역은 태풍의 영향권에 있어서 매년피해가 발생하고, 연중 기온 차가 심하며, 남부 메콩델타 지역도 태풍이나 침수 피해를 당하는데, 고도가 매우 낮아 강수위가 조금만 올라가도 피해가 큰 편이다. 그러나 호치민시만은 연중 기온이 변화가 심하지 않고 평균 25℃~35℃, 태풍의 피해가 적은 편이다.

민족과 언어

Viet족이 전국민의 대부분 89% 을 차지하고 있으며, 53개 소수민족이 각 지역에 흩어져 살고 있고, 약 100만의 화교가 살고 있다. 베트남은 많은 민족으로 이루어진 나라로 각각의 민족마다 고유의 언어를 가지고 있으며, 오늘날의 공용어는 베트남어 **Chữ Quốc Ngữ** 쯔 꾸옥 응으이고 4종의 소수민족 언어를 법률상 허용하고 있다. 베트남어는 중국어의 4성조 보다 많은 6성조로 발음의 장단, 고저에 따라 의미가 다르며, 중국문화의 영향으로 한자어가 상당한 비중을 차지하고 있어 60% 정도 한자어의 베트남식 발음을 터득하면 배우기가 용이한 편이다.

민족성과 관습

베트남인들은 9를 으뜸이자 신성한 수로, 13은 액운의 상징으로 여긴다. 또한, 음력과 양력을 같이 사용하며 제사나 중대한 일을 할 때는 음력으로 택일하는 경향이 있다. 베트남은 거주이전의 자유가 없으며, 이주하려면 지역 경찰에 등록 신고를 거쳐 주민등록부를 발급 받아야 하고 특히 농촌에서 도시로 이주하려면 거주 승인을 받기가 매우 어려워 대도시에는 상당수의 불법 이주민들이 살고 있기도 하다.

하노이와 호치민 등 대도시에는 수많은 불법 이주민들이 있음.

여성의 사회 활동

베트남 여성들의 사회활동은 매우 활발하며, 공산당과 정부, 단체 등의 요직에 여성들이 많이 진출하고 있다. 베트남 정부는 여성 근로자의 고용을 장려하여, 일정 비율 종업원 100명 이하 업체의 50%, 종업원 100명 이상 업체의 30% 이상의 여성 근로자를 고용한 기업에 대해 소득세 감면 등의 세제혜택을 부여하고 있다.

환전과 팁

외국인 대상의 호텔, 식당, 상가 등에서 달러를 직접 사용할 수 있으나 관광지, 재래식 시장 등에서는 현지화 사용이 일반적이다.
베트남화폐로 현지에서 바꾸길 원할 경우에는 Vietcom Bank Ly Thai To로 소재, ANZ Bank Hoan Kiem 호수 좌측 소재, 한-베 합작 은행인 Shinhan Vina Bank Daeha Business Center 2층, 우리은행 Daeha Business Center 11층, 외환은행 Daeha Business Center 14층 등을 이용할 수 있다. 요즘은 트래블월렛과 같은 앱을 이용한 환전과 결제가 인기가 있다.
베트남에는 팁 제도가 없었으나, 최근 외국인 여행자 증가에 따라 하노이, 호치민 등 대도시에서는 일상화되는 추세이다.

일반적인 팁은 다음과 같다.

- 호텔, 포터 : VND10,000 - VND20,000
- 침실 청소부 : VND10,000 - VND20,000
- 레스토랑 : 음식값의 5% 내외

전화와 인터넷

베트남 국가번호는 +84이며, 대한민국 국가번호는 +82 이다.
주요도시의 지역 번호는 하노이(024), 호치민시(028)이다.
여행자들은 현지 e-sim(이심)이나 u-sim(유심)을 구입해 핸드폰을 사용하면 편리하며, 공항, 편의점, 통신사 매장 등에서 여권을 제시하고 이용할 수 있다.
Wi-Fi는 대부분의 호텔, 카페, 레스토랑 등에서 무료로 제공하며, 공항과 같은 공공장소에서도 이용할 수 있다. 현지 SIM카드를 이용한 데이터는 일일, 주간, 월간 단위의 데이터 플랜이 다양하다.

전압주파수

사용전압은 220V이나 50Hz로 우라나라와 차이가 있어 모터를 사용하는 전기제품은 현지에서 구입하는 것이 바람직하다. 220V의 경우도 콘센트 모양이 우리와 다른 경우가 있으므로 어댑터를 준비하는 것이 좋다.

– 전기시스템 : 220V / 50Hz

명절 · 국경일

공휴일연 8일 이나 국경일이 휴일과 겹치면 다음날 쉰다.

- **신정** 1.1
- **Tet**뗏 **설날** 음력 1.1–4
- **Hung**훙**왕 기일** 음력 3.10
- **사이공 해방기념일** 4.30
- **국제노동절** 5.1
- **독립기념일** 9.2
- **Trung Thu** 쭝투 **중추절** 음력 8.15

긴급상황

비상 연락처

주 베트남 대한민국 대사관 ☎ 84-24 3831-5111~6 Fax 84-24 3831-5117

주소: SQ4 Diplomatic Complex, Nguyen Xuan Khoat St, Xuan Tao, Bac Tu Liem, Hanoi, Vietnam

○ 근무시간외 비상연락(당직)전화 090-402-6126 / 090-320-6566
영사콜센터(서울, 24시간) 02-3210-0404

하노이 비상 연락처 구급차 115 화재 114 기동경찰 113

응급 진료 연락처 Korea Clinic ☎ 04)3843-7231

여권분실

주베트남 대한민국 대사관에 연락한다. 여권 재발급은 시간이 걸리므로 급하면 즉시 여행자 증명서 발급 신청을 한다. 여권용 사진 2매을 휴대하고 만일을 위하여 여권번호는 복사해 두거나 반드시 다른 수첩에 메모해 둔다.

신용카드분실

분실 사고시 즉시 베트남의 경찰서에 신고를 하고 카드회사에 카드번호와 유효기간을 알린 후 분실처리를 요청한다. 언어에 자신이 없으면 한국의 해당 카드회사로 전화하여 분실신고를 하는 것이 제일 확실하다.

분실신고 연락처_서울	OO(국제전화식별번호)+82+전화번호		
KB국민카드	1588-1688	삼성카드	1588-8900
신한카드	1544-7200	현대카드	1577-6200
롯데카드	1588-8300	외환카드	1588-6700

현금분실

여행 도중에 현금을 분실하여 국내에서 송금 받을 때는 한국의 가족들에게 여권번호와 영문이름을 알려준 뒤 베트남의 국내 은행 등을 통하여 송금을 받을 수 있다.

항공권분실

먼저 경찰서에서 분실 증명서를 발급 받은 후, 항공사의 대리점에 가서 재발급 신청을 하면 항공사는 본사에 연락하여 발급 여부를 확인해 준다.
시간이 급할 때는 별도의 항공권을 구입한 후 귀국 후에 조회하여 환불받을 수 있으며, 할인 항공권인 경우 환불이 되지 않는다.

치안

주재국 치안은 좋은 편이 아니므로 여행시에는 항상 주의해야 한다. 갈수록 절도, 강도사건 등의 발생 회수가 증가추세에 있으며 특히 고액의 현금 소지는 위험하다.
신변의 안전이 위협받을 때에는 지체없이 경찰에 신고하고, 타인으로부터 공격을 받을 때는 자발적으로 돈지갑을 내주거나 도주, 비명, 호각, 차량 경적 등 상황에 맞게 대처한다.

해외여행보험

해외여행 도중 불의의 사고로 인한 피해를 미리 대비한 해외 여행보험에는 상해보험과 질병보험, 항공기 납치, 도난보상보험 등이 있다. 보험 가입은 개인의 경우, 각 공항이나 보험 회사에서 비행기 탑승 전에 가입하면 되고, 여행사에서 취급하는 해외여행 상품을 이용할 경우는 대부분이 보험료가 포함되어 있으므로 별도로 가입할 필요는 없다.

기본표현

만날 때나 헤어질 때의 인사말은 'chào 자오 + 인칭대명사' 로 표현한다. 그 뒤에 'ạ 아' 를 붙이면 상대방을 더 존대하는 표현이 된다. 어떤 특정한 대상이 아니면 'xin chào 씬 자오' 가 일반적인 인사말이다.

여러분, 안녕하세요!	씬 자오 깍 빤 Xin chào các bạn!
안녕하십니까? 할아버지와 같은 나이가 많은 사람	자오 옹 Chào ông?
안녕하십니까? 할머니와 같은 나이가 많은 사람	자오 바 Chào bà?
안녕하십니까? 동갑이나 보다 나이 좀 더 많은 남자	자오 아잉 Chào anh?
안녕하십니까? 동갑이나 보다 나이 좀 더 많은 여자	자오 찌 Chào chị?
오래간만입니다.	러우 조이 머이 드억 갑 아잉 (찌) Lâu rồi mới được gặp anh.(chị)
요즘 어떠십니까?	자오 나이 아잉 (찌) 테 나오 Dạo này anh (chị) thế nào?
여전히 좋습니다.	뻐은 똩 댑 Vẫn tốt đẹp.
요즘 사업은 잘 되십니까?	공 비역 자오 나이 똩 댑 쯔 아 Công việc dạo này tốt đẹp chứ ạ?
그대로입니다.	뻐은 테에 Vẫn thế.

처음 만난 사람끼리는 '만나서 반갑습니다'라고 인사하며 악수할 수도 있다. 자연스럽게 인사를 나누고 자기소개 할 수 있도록 기본표현들을 알아두자!

만나게 되어 반갑습니다.	전 부이 드억 갑 아잉 (찌) Rất vui được gặp anh.(chị)
성함이 무엇입니까?	뗀 꾸어 아잉 (찌) 을라 지 Tên của anh (chị) là gì?
제 소개를 하겠습니다.	또이 씬 뜨 저이 티에우 Tôi xin tự giới thiệu.
저는 김 소아입니다.	또이 을라 김 소아 Tôi là Kim So-A.
(당신에 대하여) 말씀 많이 들었습니다.	또이 다아 드억 응애 노이 녀에우 베 아잉 (찌) Tôi đã được nghe nói nhiều về anh. (chị)
잘 부탁드립니다.	피엔 아잉 (찌) 쥽 더 Phiền anh (chị) giúp đỡ.
어느 나라 사람입니까?	아잉 (찌) 을라 응어이 느억 나오 Anh (chị) là người nước nào?
저는 한국인입니다.	또이 을라 응어이 하안 꾸억 Tôi là người Hàn Quốc.
일본사람입니까?	아잉 (찌) 을라 응어이 녀얻 아 Anh (chị) là người Nhật à?
아닙니다. 저는 일본사람이 아닙니다.	코옹, 또이 코옹 파이 을라 응어이 녀얻 Không, tôi không phải là người Nhật.

상대방의 의견에 반대할 때, 상대방을 존중하면서 예의바르게 의사표시를 하려면 부정의 답을 하기 전 'dạ 자' 라는 말을 먼저 하는 습관이 있다. 질문에 대해 간단히 답할 수 있는 여러 가지 표현들을 알아보자.

네.	벙 (쟈) Vâng. (dạ)
아니오.	코옹 (쟈, 코옹) Không. (예의 바르게 : dạ, không)
있습니다.	꼬 아 Có ạ.
없습니다.	코옹 꼬 아 Không có ạ.
맞습니다.	두웅 조이 아 Đúng rồi ạ.
틀립니다.	싸이 조이 아 Sai rồi ạ.
알겠습니다.	또이 삐엗 조이 Tôi biết rồi.
모릅니다.	또이 코옹 삐엗 Tôi không biết.
그렇습니다.	두웅 버이 아 Đúng vậy ạ.
좋은 생각이군요.	두웅 을라 이 응이 하이 Đúng là ý nghĩ hay.

베트남 사람은 대화할 때 감정을 담아 표현하는 경향이 있다. 서양처럼 형식적으로 나타내는 말과 달리 주로 칭찬·감탄 등과 같은 표현으로 대신하여 감사의 뜻을 나타낸다. '미안합니다' 와 '죄송합니다'라는 뜻의 'xin lỗi 씬 을로이' 는 흔히 쓰인다.

고맙습니다.	깜 언 Cám ơn.
정말 감사합니다.	젇 깜 언 Rất cám ơn.
보살펴 주셔서 감사합니다.	깜 언 아잉 (찌) 꾸안 떰 Cám ơn anh (chị) quan tâm.
천만에요	코옹 꼬 지 Không có gì.
별 말씀을요. /사양하지 마세요.	노이 꽈 캔 / 드응 켜엄 똔 꽈 Nói quá khen. / Đừng khiêm tốn quá.
미안합니다.	씬 을로이 Xin lỗi.
죄송합니다.	씬 을로이 Xin lỗi.
용서해 주세요.	씬 하애 타 트으 조 또이 Xin hãy tha thứ cho tôi.
용서해 주세요.	씬 하애 보 과 조 또이 xin hãy bỏ qua cho tôi.
괜찮습니다. / 별일 아닙니다.	코옹 싸오 / 코옹 꼬 지 닥 비엗 Không sao. / Không có gì đặc biệt.

베트남 사람은 자존심이 강하고 남 앞에서 잘 수줍어하는 성격이 있지만 개방적인 면이 있어 손님을 잘 대접한다. 감정을 나타내는 말은 다음과 같다.

정말 대단하군요!	게 터읕	Ghê thật!
무슨 말씀하시는 겁니까?	아잉 (찌) 당 노이 지 버이	Anh (chị) đang nói gì vậy?
약간 지나칩니다.	허이 꽈 믁	Hơi quá mức.
이게 무슨 의미입니까?	테 나이 꼬 응이어 을라 지	Thế này có nghĩa là gì?
아주 행복합니다.	또이 젇 하잉 푹	Tôi rất hạnh phúc.
무시하지 마십시오.	드응 꼬이 트엉	Đừng coi thường.
몹시 마음이 상합니다.	다우 을롱 을람	Đau lòng lắm.
너무 아쉽습니다.	띠엑 꽈	Tiếc quá!
아주 만족합니다.	또이 젇 브어 을롱	Tôi rất vừa lòng.
지금 기분이 너무 좋습니다.	베이 저 또이 테이 젇 부이	Bây giờ tôi thấy rất vui.

상대방의 동의를 구하거나 허가를 얻으려할 때는 '(행동)~có được không? ~억 코옹 ~해도 됩니까?' 라고 한다.
금지나 불가는 'không được~ 코옹 드억~ ~해서는 안된다' 이다.

물론입니다.	떳 녀엔 조이 Tất nhiên rồi.
문제없습니다.	코옹 꼬 버언 데 지 Không có vấn đề gì.
상관없습니다.	코옹 아잉 흐엉 지 không ảnh hưởng gì.
도와주시겠습니까?	씬 하애 줍 더어 또이 Xin hãy giúp đỡ tôi?
네, 그러겠습니다.	버엉, 데 또이 줍 Vâng, để tôi giúp.
죄송합니다, 도와드릴 수가 없군요.	씬 을로이, 또이 코옹 테 줍 드억 Xin lỗi, tôi không thể giúp được.
안심하십시오.	씬 하애 연 떰 Xin hãy yên tâm.
편한 대로 하십시오.	씬 끄으 드 녀엔 Xin cứ tự nhiên.
담배를 피워도 괜찮습니까?	또이 훝 투윅 꼬 드억 코옹 Tôi hút thuốc có được không?
안됩니다.	코옹 드억 더우 Không được đâu.

모든 경축일에 일반적으로 쓰이는 축하 인사말은 'xin chúc mừng 씬 축 믕' 이며, 상황에 어울리는 다른 표현도 적절히 사용한다.

축하합니다.	씬 축 믕 Xin chúc mừng.
생일 축하합니다.	축 믕 싱 녀얻 Chúc mừng sinh nhật.
새해 복 많이 받으세요.	축 믕 남 머이 Chúc mừng năm mới!
행운을 빕니다.	축 아잉 (찌) 마애 므안 Chúc anh (chị) may mắn!
행복하세요!	축 아잉 (찌) 하잉 푸욱 Chúc anh (chị) hạnh phúc!
건강하세요!	축 아잉 (찌) 마잉 코애 Chúc anh (chị) mạnh khỏe!
성공하시길 기원합니다!	축 아잉 (찌) 타잉 공 Chúc anh (chị) thành công!
무사하시길 바랍니다.	축 아잉 (찌) 울루언 비잉 안 Chúc anh (chị) luôn bình an.
모든 일이 다 잘 되시길.	축 아잉 (찌) 모이 비엑 똗 댑 Chúc anh (chị) mọi việc tốt đẹp.
즐거운 여행이 되십시오.	축 아잉 (찌) 디 주 을릭 부이 배 Chúc anh (chị) đi du lịch vui vẻ.

질문을 할 때는 먼저 'Xin lôi 씬 을로이 죄송합니다' 라는 말로 시작하는 것이 좋다. 무언가를 요구할 때는 상대방의 인칭 앞에 'Xin~ 씬~' 을 쓰면 겸손을 나타낸다.

그는 누구입니까?	아이 데이 아 Ai đấy ạ?
우리는 어디로 갑니까?	주웅 따 디 더우 데이 Chúng ta đi đâu đây?
무엇을 드시고 싶습니까?	아잉 (찌) 무원 중 지 Anh (chị) muốn dùng gì?
몇 시입니까?	메이 저 조이 아 Mấy giờ rồi ạ?
어디에 묵고 계십니까?	아잉 (찌) 당 어 더우 Anh (chị) đang ở đâu?
왜요?	따이 싸오 아 Tại sao ạ?
올해 몇 살입니까?	남 나애 빠오 녀에우 뒤이 아 Năm nay bao nhiêu tuổi ạ?
얼마입니까?	빠오 녀에우 아 Bao nhiêu ạ?
어떻게 갑니까?	디 테 나오 아 Đi thế nào ạ?
여기가 어디입니까?	어 데이 을라 더우 Ở đây là đâu?

대부분의 'bách hóa 빠익 화 백화점' 이나 'siêu thị 씨에우 티 슈퍼마켓' 에서는 정찰제를 실시하고 있으며, 'chợ 쩌 시장' 에서는 값을 깎을 수도 있다.

이것은 얼마입니까?	까이 나이 빠오 녀우 Cái này bao nhiêu?
모두 얼마입니까?	떧 가 빠오 녀우 Tất cả bao nhiêu?
비쌉니다.	따윽 꽈 Đắt quá.
쌉니다.	재애 Rẻ.
좀 더 싸게 해주십시오.	뻗 자 조 또이 디 Bớt giá cho tôi đi.
거스름돈을 주십시오.	짜아 조 또이 띠엔 트어 Trả cho tôi tiền thừa.
거스름돈이 틀립니다.	띠잉 띠엔 트어 사이 조이 Tính tiền thừa sai rồi.
영수증을 주십시오.	조 또이 화 던 Cho tôi hóa đơn.
서비스료 포함입니까?	꼬 바오 곰 가 띠엔 푸욱 부 코옹 Có bao gồm cả tiền phục vụ không?
팁이 포함됐습니까?	띠잉 가 띠엔 빠 템 쯔어 Tính cả tiền boa thêm chưa?

11~19까지의 십10 은 'mười 므어이', 20~99까지의 십10 은 'mươi 므어이' 로 성조가 다르다.
5는 원래 'năm 남' 이지만 다른 숫자 뒤에 오면 'lăm 을람' 으로 변한다. 세 자리 수 이상의 가운데 '0'이 있을 경우 'linh 링 또는 lẻ 레' 라고 읽는다.
백 · 천 · 만 단위의 숫자가 '1' 일 경우 반드시 숫자 'một 몯'을 읽어주어야 한다.

0, 영	코옹 không	25	하이 므어이 을람 hai mươi lăm
1, 일	몯 một	100	몯 짬 một trăm
2, 이	하이 hai	1,000	몯 응인 một nghìn
3, 삼	바 ba	10,000	므어이 응인 mười nghìn
4, 사	뽄 bốn	100,000	몯 짬 응인 một trăm nghìn
5, 오	남 năm	1,000,000	몯 찌에우 một triệu
6, 육	싸우 sáu	107	몯 짬 을링 베이 một trăm linh bảy
7, 칠	베이 bảy	1,250	몯 응인 하이 짬 남 므어이 một nghìn hai trăm năm mươi
8, 팔	따암 tám	26,145	하이 므어이 싸우 응인 몯 짬 뽄 므어이 을람 hai mươi sáu nghìn một trăm bốn mươi lăm
9, 구	찐 chín	한 사람	몯 응어이 một người
10, 십	므어이 mười	두 사람	하이 응어이 hai người
11, 십일	므어이 몯 mười một	세 사람	바 응어이 ba người
20, 이십	하이 므어이 hai mươi	다섯 사람	남 응어이 năm người

년/월/일은 'năm 남 년, tháng 타앙 월, tuần 뚜언 주, ngày 응아이 일'로 표현한다. 읽는 순서는 일/월/년 순으로 읽는다.

작년	남 응와이 năm ngoái	지난 달	타앙 쯔억 tháng trước
올해	남 나애 năm nay	이번 달	타앙 나이 tháng này
내년	사앙 남 sang năm	다음 달	타앙 사우 tháng sau
지난 주	뚜언 쯔억 tuần trước	어제	홈 과 hôm qua
이번 주	뚜언 나이 tuần này	오늘	홈 나애 hôm nay
다음 주	뚜언 사우 tuần sau	내일	응아이 마이 ngày mai
오전	뷔이 싸앙 buổi sáng	오후	뷔이 찌에우 buổi chiều
아침	싸앙 sáng	저녁	또이 tối
낮	반 응아이 ban ngày	밤	반 뎀 ban đêm

2008년 1월 13일

응아이 므어이 바 타앙 뫁 남 하이 응인 을래 따암

ngày	mười ba	tháng	một	năm	hai nghìn lẻ tám
일	13	월	1	년	2008

1월~12월까지는 숫자 앞에 'tháng 타앙 월'을 붙이면 된다. 날짜 또한 1~31까지의 숫자 앞에 'ngày 응아이 일'을 붙인다.

	발음	베트남어		발음	베트남어
1월	타앙 몯	tháng một	하루	몯 응아이	một ngày
2월	타앙 하이	tháng hai	이틀	하이 응아이	hai ngày
3월	타앙 바	tháng ba	사흘	바 응아이	ba ngày
4월	타앙 뜨	tháng tư	나흘	뽄 응아이	bốn ngày
5월	타앙 남	tháng năm	닷새	남 응아이	năm ngày
6월	타앙 싸우	tháng sáu	엿새	싸우 응아이	sáu ngày
7월	타앙 베이	tháng bảy	이레	베이 응아이	bảy ngày
8월	타앙 따암	tháng tám	여드레	따암 응아이	tám ngày
9월	타앙 찐	tháng chín	아흐레	찐 응아이	chín ngày
10월	타앙 므어이	tháng mười	열흘	므어이 응아이	mười ngày
11월	타앙 므어이 몯	tháng mười một	열하루	므어이 몯 응아이	mười một ngày
12월	타앙 므어이 하이	tháng mười hai	이십일	하이 므어이 응아이	hai mươi ngày

요일을 나타낼 때는 월요일에서 토요일까지는 'thứ 트' 뒤에 2~7까지의 숫자를 붙이고 일요일은 'chủ nhật 쭈 녀얻'이라고 한다. 4의 숫자는 'tư 뜨' 라고 부른다.

일요일	쭈 녀얻 chủ nhật
월요일	트 하이 thứ hai
화요일	트 바 thứ ba
수요일	트 뜨 thứ tư
목요일	트 남 thứ năm
금요일	트 싸우 thứ sáu
토요일	트 베이 thứ bảy
봄	무워 수언 mùa xuân
여름	무워 해 mùa hè
가을	무워 투 mùa thu
겨울	무워 동 mùa đông

핵가족화에도 불구하고 베트남은 친족 관계를 중시하는 전통이 있어서, 그 친족이나 가족의 호칭을 제대로 해야 한다. 또한, 사회생활에서도 친족호칭으로 부르는 것이 일반적이다.

할아버지	옹 ông	큰아버지	바악 짜이 bác trai
할머니	바 bà	큰어머니	바악 가이 bác gái
아버지	뽀 bố	삼촌(작은아버지)	쭈 chú
어머니	매 mẹ	숙모	꼬 cô
남편	쪼옹 chồng	고모	꼬 cô
아내	버 vợ	고모부	쭈 chú
형/오빠	아잉 anh	이모	지 dì
누나/언니	찌 chị	이모부	즈엉 (쭈) dượng (chú)
남동생	앰 짜이 em trai	며느리	꼰 저우 con dâu
여동생	앰 가이 em gái	사위	꼰 제 con rể
아들	꼬온 짜이 con trai	조카	짜우 cháu
딸	꼬온 가이 con gái	손자/손녀	짜우 cháu

색깔 및 방향을 나타내는 말은 단독으로 쓰이지 않고 색깔을 가리키는 단어 앞에 'màu 마우' 를 붙이고 방향을 가리키는 단어 앞에 'hướng 흐엉' 을 붙인다.

색깔	마우 싸윽 màu sắc	동	흐엉 동 hướng đông
빨간색	마우 도오 màu đỏ	서	흐엉 떠이 hướng tây
파랑색	마우 싸잉 màu xanh	남	흐엉 남 hướng nam
노랑색	마우 바앙 màu vàng	북	흐엉 빡 hướng bắc
초록색	마우 싸잉 을라 꺼이 màu xanh lá cây	위	쩬 trên
오렌지색	마우 자 까암 màu da cam	아래	즈어이 dưới
검정색	마우 댄 màu đen	왼쪽	벤 짜이 bên trái
하얀색	마우 짱 màu trắng	오른쪽	벤 파이 bên phải
금색	마우 바앙 김 màu vàng kim	앞	피어 쯔억 phía trước
은색	마우 박 màu bạc	뒤	피어 사우 phía sau
회색	마우 싸암 màu xám	옆	벤 까잉 bên cạnh

인칭대명사는 대부분 친족관계를 가리키는 말을 사용하여 상대방의 나이 및 성별에 따라 부른다.
1인칭복수는 앞에 'chúng 쭝' 을, 2·3인칭복수는 앞에 'các 깍' 을 붙인다.

		단수		복수
1인칭	나, 저	또이 tôi 동갑, 객관적인 표현	우리들	쭝 또이 chúng tôi
		앰 em 상대방 나이가 많음		쭝 앰 chúng em
		짜우 cháu 상대방 나이가 아주 많음		쭝 짜우 chúng cháu
				쭝 따 / 쭝 밍 chúng ta, chúng mình 듣는 사람, 말하는 사람을 모두 포함
2인칭	너	꺼우 앰 cậu 동갑 /em 나이 적음	너희들	깍 앰 các em 상대방 나이가 적음
		마이 mày 낮춤말		깍 짜우 các cháu 상대방 나이가 아주 적음
	당신	아잉 / 찌 anh, chị <부부:anh아잉, em앰>		본 마이 bọn mày 낮춤말
3인칭	그	응어이 도 người đó	그들	호 họ
	그녀	고 어에 cô ấy	그녀들	깍 고 어에 các cô ấy
	그것	까이 도 cái đó	그것들	녀응 까이 데이 những cái đấy

2006년 8월 1일부터 인천국제공항을 통한 출입국 절차가 훨씬 간편해져서 한국인의 경우 출국카드 작성이 폐지되었으며, 자동출입국심사를 한번 등록해두면 편리하다. 또한 인천국제공항은 항공사에 따라 제1여객터미널과 제2여객터미널로 나뉘어 잇으니 미리 확인하고 가야한다.

출국순서

탑승수속	여권, 항공권을 가지고 해당 항공사 데스크로 간다. 수하물이 있으면 탁송하고 Baggage Tag 탁송화물표 과 Boarding pass 탑승권 를 받는다.
세관신고	귀중품과 고가품은 반드시 세관에 신고하고 '휴대품 반출 확인서'를 받아야 귀국시 세금을 면제받는다.
보안검색	수하물과 몸에 X선을 비춰 금속류와 흉기를 검사한다. 필름은 손상되지 않는다.
출국심사	여권과 탑승권을 제시한다. 여권에 출국 확인을 받고 돌려 받은 후 출국 심사대를 통과한다.
탑승대기	Duty free 면세점 을 이용할 수 있고 출발 30분 전까지 해당 Gate 탑승구앞으로 가서 기다리면 된다.

액체·젤류의 휴대반입 제한

액체·젤류의 휴대반입 가능물품 안내 ※ 아래 조건을 모두 만족해야 함.

- **내용물 용량 한도 : 용기 1개당 100㎖ 이하, 총량 1ℓ**
- **휴대 기내반입 조건**
  - 1ℓ 규격의 투명 지퍼락 Zipper lock 비닐봉투 안에 용기 보관
  - 투명지퍼락 봉투크기:약20cm×약20cm에 담겨 지퍼가 잠겨있어야 함
  - 승객 1인당 1ℓ 이하의 투명 지퍼락 봉투는 1개만 허용
  - 보안검색대에서 X-ray 검색을 실시

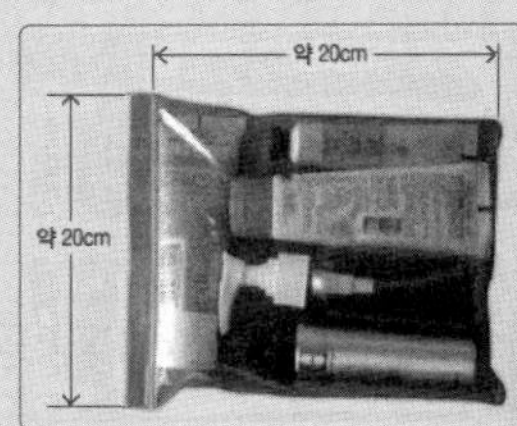

★반입가능

★반입불가

면세점 구입 물품 ※ 아래 조건을 모두 만족해야 함.

보안검색대 통과 후 또는 시내 면세점에서 구입 후 공항 면세점에서 전달받은 주류, 화장품등의 액체, 젤류는 아래 조건을 준수하는 경우 반입가능

- 투명 봉인봉투 Tamper-evident bag로 포장
- 투명 봉인봉투는 최종 목적지행 항공기 탑승 전에 개봉되었거나 훼손되었을 경우 반입금지
- 면세품 구입당시 교부받은 영수증이 투명 봉인봉투에 동봉 또는 부착된 경우에 한하여 용량에 관계없이 반입가능

※투명 봉인봉투는 면세점에서 물품구입 시 제공되므로 별도준비 불필요

※예외사항 – 항공여행 중 승객이 사용할 분량의 의약품 또는 유아 승객 동반한 경우 유아용 음식(우유, 음료수 등)의 액체, 젤류는 반입가능

출국

국내항공사나 베트남국영항공사 모두 베트남인 승무원과 한국인 승무원이 있으므로 언제든지 도움을 청할 수 있으므로 언어상의 어려움은 없다.

자주 쓰이는 표현 _ 1

■ 베트남국가항공사입니다.

하앙 항 코옹 꾸억 자 벼엘 남

Hãng hàng không quốc gia Việt Nam.

···▸ 항공권을 예약하고 싶습니다.

또이 무언 닫 배 마애 바애

Tôi muốn đặt vé máy bay.

바꿔 말하기

- 예약을 취소하다 hủy đặt vé máy bay 후이 닫 배 마애 바애
- 예약을 재확인하다 xác định lại việc đăng ký vé máy bay 싹 딩 을라이 비엑 당 끼 배 마애 바애

현재 한국과 베트남 노선은 전좌석 금연이며, 인천에서 하노이나 호치밍시까지 5시간 정도 소요된다.

자주 쓰이는 표현 _ 2

■ 제 자리는 어디입니까?

쪼오 구어 또이 어 더우

Chỗ của tôi ở đâu?

…▶ 이쪽에 있습니다.

어 당 나이 아

Ở đằng này ạ.

바꿔 말하기

- 뒤쪽 phía sau 피어 사우
- 앞쪽 phía trước 피어 쯔억
- 창문쪽 phía cửa sổ 피어 끄어 쏘
- 복도쪽 phía lối đi 피어 을로이 디

유용한 표현

▶ 탑승권을 보여주십시오.

씬 조 쌤 태 을렌 마애 바애

Xin cho xem thẻ lên máy bay.

▶ 비행기가 곧 이륙하겠습니다.

마애 바애 쭈언 비 거은 까잉

Máy bay chuẩn bị cất cánh.

▶ 안전벨트를 잘 매어주십시오.

씬 하애 타은 제이 안 또안

Xin hãy thắt dây an toàn.

▼ 이 좌석번호는 어디입니까?

쏘 게 나이 어 더우

Số ghế này ở đâu?

▼ 짐을 어디다 둘까요?

데 하잉 을리 어 더우

Để hành lý ở đâu?

▼ 이 물건은 망가지기 쉬운 것이에요.

도 나이 제에 버

Đồ này dễ vỡ.

▼ 자리를 바꿔도 될까요?

또이 꼬 테 도이 쪼 드억 코옹

Tôi có thể đổi chỗ được không?

▼ 멀미를 합니다. 멀미용 봉지 좀 주시겠어요?

또이 싸이 마애 바애. 조 또이 뚜이 논

Tôi say máy bay. Cho tôi túi nôn.

▼ 언제쯤 하노이에 도착합니까?

키 나오 새 덴 하 노이

Khi nào sẽ đến Hà Nội.

▼ 지금은 하노이 시간으로 몇 시입니까?

저 하 노이 베이 저 을라 메이 저

Giờ Hà Nội bây giờ là mấy giờ?

출국

기내에서 판매하는 면세품은 한정되어 있으며 입국신고서, 건강신고서는 영어나 베트남어로 기내에서 미리 작성하여 두는 것이 좋다.

자주 쓰이는 표현 _ 1

■ 음료수는 무엇으로 하시겠습니까?

옹 (아잉, 찌) 중 도 우엉 지

Ông (anh, chị) dùng đồ uống gì?

…▸ 물 좀 주세요.

조 또이 느억

Cho tôi **nước**.

바꿔 말하기

- **포도주** rượu vang nho 즈어우 바앙 뇨
- **커피** cà phê 가 페
- **쥬스** nước hoa quả 느억 화 꽈
- **콜라** cô ca cô la 고 가 고 을라

 자주 쓰이는 표현 _ 2

■ 어디가 아프십니까?

옹 (아잉, 찌) 비 다우 어 더우

Ông (anh, chị) bị đau ở đâu?

···▸ 머리가 아픕니다.

또이 비 다우 더우

Tôi bị đau đầu.

바꿔 말하기

- 배 bụng 붕
- 이빨 răng 장
- 허리 lưng 을릉
- 눈 mắt 마을

유용한 표현

▼ 여보세요. 여승무원을 부를 때

앰 어이
Em ơi! 내가 승무원보다 나이가 많을 때
찌 어이
Chị ơi! 내가 승무원보다 나이가 적거나 동갑일 때

▼ 물 한 잔 주세요.

조 또이 씬 몯 꼭 느억
Cho tôi xin một cốc nước.

▼ 식사로 뭐가 나옵니까?

트윽 떤 꼬 몬 지
Thực đơn có món gì?

▶ 닭고기, 생선요리, 야채 등입니다.

트윽 떤 곰 꼬 틷 가, 까, 자우
Thực đơn gồm có thịt gà, cá, rau.

▼ 커피 한 잔 더 주세요.

조 또이 템 몯 꼭 가 페
Cho tôi thêm một cốc cà phê.

▼ 화장실이 어디입니까?

냐 베 싱 어 더우
Nhà vệ sinh ở đâu.

▼ 몸이 조금 불편합니다.

또이 허이 코오 찌우 쪼옹 응어이
Tôi hơi khó chịu trong người.

▼ 약 좀 주세요.

조 또이 퉉
Cho tôi thuốc.

▼ 향수 있습니까?

꼬 느억 화 코옹
Có nước hoa không?

▼ 달러로 지불해도 될까요?

타잉 또안 방 도 을라 미이 드억 코옹
Thanh toán bằng đô la Mỹ được không?

유용한 표현

▸ 입국 카드를 작성해 주십시오.

을람 태 녀읍 까잉 조 또이

Làm thẻ nhập cảnh cho tôi.

▸ 입국 수속을 할 때 제출하십시오.

하애 쑤얻 징 키 을람 투우 뚝 녀업 까잉

Hãy xuất trình khi làm thủ tục nhập cảnh.

▾ 의자를 뒤로 젖혀도 됩니까?

응아 게 자 사우 꼬 드억 코옹

Ngả ghế ra sau có được không?

▸ 네, 젖혀도 됩니다.

벙, 드억 아

Vâng, được ạ.

▾ 이 헤드폰은 어떻게 사용합니까?

따이 응애 나이 쓰으 중 테 나오

Tai nghe này sử dụng thế nào?

▼ 자리를 바꾸고 싶습니다.

또이 무언 도이 쪼

Tôi muốn đổi chỗ.

▼ 제 친구 옆에 앉고 싶습니다.

또이 무언 응오이 까잉 빤 또이

Tôi muốn ngồi cạnh bạn tôi.

▼ 쿠션을 하나 더 주십시오.

조 또이 템 몯 까이 넴 을릉

Cho tôi thêm một cái nệm lưng.

▼ 담요가 있습니까?

꼬 짠 코옹

Có chăn không?

▼ 한국 신문 있습니까?

꼬 빠오 하안 꾸억 코옹

Có báo Hàn Quốc không?

도움이 되는 **활용 어휘**

예약	đặt trước 닫 쯔억
출발	xuất phát 쑤얻 팓
도착	đến nơi 덴 너이
정기편	chuyến định kỳ 쭈엔 딩 기
특별기편	chuyến đặc biệt 쭈엔 닥 비엘
좌석번호	số ghế 쏘 게
항공권	vé máy bay 배 마애 바애
탑승권	thẻ lên máy bay 태 올렌 마애 바애
금연석	chỗ cấm hút thuốc 쪼오 꺼음 훋 퉉
흡연석	chỗ hút thuốc 쪼오 훋 퉉
수하물	hành lý xách tay 하잉 올리 싸익 따애
승무원	tiếp viên 띠엡 비엔
스튜어디스	nữ chiêu đãi viên 느으 찌에우 다이 비엔
안전벨트	dây an toàn 제이 안 또안
구명조끼	áo cứu hộ 아오 끄우 호

탑승

비상구	cửa thoát hiểm 끄어 토알 히엠
담요	chăn 짠
베개	gối 꼬이
쿠션	nệm lưng 넴 을릉
헤드폰	chụp tai nghe 줍 따이 응애
이어폰	tai nghe 따이 응애
안대	băng che mắt 빵 째 마읃
채널	kênh phát sóng 껭 팓 쏘옹
라디오	ra đi ô 라 디 오
화장실	nhà vệ sinh 냐 베 싱
비어 있음	còn trống 곤 쪼옹
사용 중	đang (có người) sử dụng 당 (꼬 응어이) 쓰으 중
독서등	đèn đọc sách 댄 독 싸익
호출버튼	nút chuông 눋 쭈엉
멀미주머니	túi nôn 뚜이 논

도움이 되는 **활용 어휘**

기내서비스	phục vụ trên máy bay	푸욱 부 쩬 마애 바애
식사	bữa ăn	쁘어 안
생선	cá	까
치킨	thịt gà	틷 가
소고기	thịt bò	틷 보
돼지고기	thịt lợn	틷 을런
빵	bánh	빠잉
밥	cơm	껌
과일	hoa quả	화 꽈
배고픈	đói	도이
목마른	khát	칻
면세품판매	bán hàng miễn thuế	빤 항 미엔 투에
신문	báo	빠오
한국어신문	báo tiếng Hàn	빠오 띠엥 하안
잡지	tạp chí	땁 찌
멀미약	thuốc chống say máy bay	툭 쪼옹 싸이 마애 바애

기내서비스

음료수	nước giải khát 느억 자이 칻
맥주	bia 비어
콜라	cô ca cô la 고 가 고 을라
커피	cà phê 가 페
설탕	đường 드엉
프림	bột sữa 볻 쓰어
쥬스	nước hoa quả 느억 화 꽈
우유	sữa 쓰어
베트남 차	trà Việt Nam 자 벼엘 남
와인	rượu vang 즈어우 바앙
위스키	rượu uýt ky 즈어우 윋 기
물	nước 느억
얼음물	nước đá 느억 다
물티슈	giấy ướt 제이 으얻
냅킨	khăn ăn 칸 안

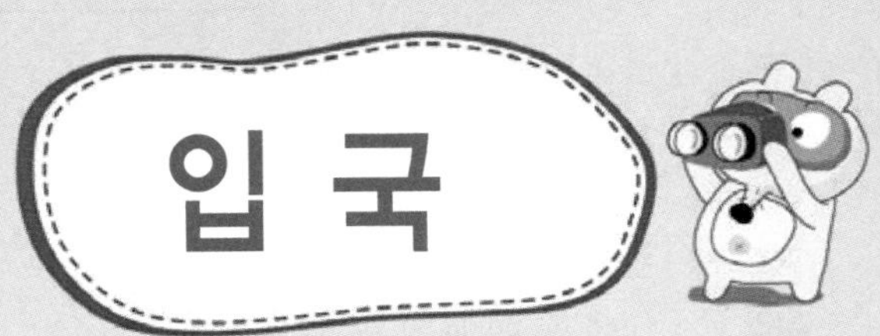

입 국

기내에서 승무원들이 출입국카드, 세관신고서, 건강신고서를 배포해 주는데 해당 사항을 영어나 베트남어로 기입해야 한다. 출국카드는 출국시 제출해야하므로 잘 보관해야 한다. 비행기에서 내리면 제일 먼저 검역신고서를 제출한다.

입국순서

검 역 — 검역신고서를 제출하면 된다.

↓

입국심사 — 출입국카드와 여권을 입국심사대에 제출한다. 심사 후 출입국카드와 여권을 돌려받는 것이다.

↓

수 하 물 — 자기가 타고 온 비행기에 부친 화물을 짐 찾는 곳Baggage claim Area에서 찾는다.

↓

세관신고 — 세관Customs 신고시, 세관 직원에 출입국카드를 제출하면 입국카드를 가져가고 출국카드를 돌려준다. 출국카드는 출국시 필요한 것이다.

출입국카드작성

- **출입국카드** tờ khai nhập cảnh 더 카이 녀읍 까잉**의 작성 요령**

1. 이름/성별/생년월일/국적/여권번호와 발행년도
2. 직업/출발지/도착지/입국편명/체류기간/베트남 내 주소 또는 베트남에서의 보증기관/여행목적/어린이 동반자의 인적 사항
3. 발열, 출혈, 설사, 신경병의 증상 유무
4. 화물개수 및 별송화물의 유무/규정 초과 외화/급 반입 여부/일시적으로 수입 후 재수출 물품의 여부/관세해당상품 여부/입국일 날짜와 서명 등

- 베트남의 면세범위

1. 담배 : 200개비; 시가 : 100개; Shredded Tobacco: 500g
2. 술 : 20도 이상 1.5 L(20도 이하:2 L) ; 맥주 등 알코올음료 3 L
3. 차 : 5kg ; 커피 : 3kg
4. 전자제품 : 카메라, 비디오카메라, 카세트, 휴대용 컴퓨터 등 기타 여행 중 사용이 필요한 물품 (합리적인 수준에 한함)
5. 면세 한도액 : 상기품목 이외 총액이 일천만 đồng동

외환 반입

- **외환신고**

베트남 입국시 외환소지액이 5,000달러 이상일 경우는 반드시 신고해야 한다. 신고서에 기입하지 않았을 경우, 은행 예치 및 출국시 반출이 곤란하다.

그룹으로 동행할 때 5,000달러를 넘는 경우 한 대표자에게 돈을 모아서 맡기는 것보다는 분산해서 각자 소지하는 것이 좋다.

환전 Đổi tiền

• 화폐

베트남 화폐 단위는 đồng 동이다. 대형 상가, 호텔, 식당 등에서 미국 달러를 사용할 수 있으며, 관광지나 재래시장에서는 베트남 화폐를 사용해야 한다. 최근 베트남 주요 도시에는 ATM기가 보급되어 있고, 신용카드가 사용 가능 하기도 하다.

• 환전

외환은행의 경우, 베트남 화폐 환전이 가능하나 지점에 따라 보유액이 차이가 있으므로 본점에서 환전하거나 미리 지점에 알아보는 편이 좋다.

최근에는 트래블 월렛(travel Wallet) 과 같은 핸드폰 앱을 이용해 바로 결제하거나 현지 화폐를 인출할 수 있다.

이 외, 출국하기 전에 미국 달러로 환전한 후, 현지에서 다시 베트남 화폐로 환전하기도 한다.

베트남에서의 환전은 공항, 은행, 호텔, 금은보석 상점 등에서 할 수 있다.

암시장 등에서는 각종 사기, 소매치기 등의 피해를 당할 수 있으니 조심해야 한다.

입국

베트남의 입국 절차는 대한민국 여권을 소지하면 그다지 까다롭지 않다. 관광 목적의 15일내의 체류시에는 무비자 입국이 가능하다. (단, 귀국 항공권 소지시)

자주 쓰이는 표현 _ 1

■ 여권을 보여 주십시오.

조 또이 쌤 호 찌에우

Cho tôi xem hộ chiếu.

⋯▸ 여기 있습니다.

호 찌에우 꾸어 또이 데이

Hộ chiếu của tôi đây.

바꿔 말하기

- 탑승권 thẻ lên máy bay 태 을렌 마애 바애
- 항공권 vé máy bay 배 마애 바애

무비자 입국 후 15일 이상 체류 희망자는 합당한 이유가 있으면 비자 발급 및 체류기간을 연장할 수 있다.

자주 쓰이는 표현 _ 2

입국심사
수하물
세관
환전
입국

■ 입국 목적은 무엇입니까?

묵 띡 녀읍 까잉 을라 지

Mục đích nhập cảnh là gì?

···▶ 관광입니다.

주 을릭 아

Du lịch ạ.

바꿔 말하기

- 여행 du lịch 주 을릭
- 사업 kinh doanh 낑 좌잉
- 공부 học tập 혹 떱
- 친척방문 thăm thân 탐 턴
- 회의 hội nghị 호이 응이
- 무역경영 thương mại 트엉 마이

입국

일반적으로 검역, 입국심사, 통관을 거쳐 이루어지는데, 여권과 비자에 하자가 없는 한 기내에서 나누어 주는 입국 카드와 건강 카드를 작성하여 제출하면 된다.

자주 쓰이는 표현 _ 3

■ 며칠이나 머물 예정입니까?

옹 (아잉, 찌) 즈 딩 어 을라이 바오 을러우

Ông (anh, chị) dự định ở lại bao lâu?

…▶ 약 일주일입니다.

코앙 몯 뚜언 아

Khoảng một tuần ạ.

바꿔 말하기

- 3일 ba ngày 바 응아이
- 열흘 mười ngày 므어이 응아이
- 2주일 hai tuần 하이 뚜언

카드 작성시 성명 란에는 성을 먼저 쓰고 날짜는 일-월-년의 순으로 써야 한다.

자주 쓰이는 표현 _ 4

■ 어디에 묵습니까?

옹 (아잉, 찌) 쌔 어 더우

Ông (anh, chị) sẽ ở đâu?

···▶ 대우호텔에 묵습니다.

또이 쌔 어 카익 싼 대 우

Tôi sẽ ở khách sạn Daewoo.

바꿔 말하기

- 친구집 nhà của bạn 냐 꾸어 빤
- 기숙사 ký túc xá 끼 뚝 싸
- 이 주소 địa chỉ này 디어 찌 나이

유용한 표현

▶ 출입국 신고서를 보여 주십시오.

씬 조 쌤 더 카이 쑤얻 녀읍 까잉
Xin cho xem tờ khai xuất nhập cảnh.

▼ 여기 있습니다.

데이 아
Đây ạ.

▶ 베트남에 처음 오십니까?

을런 더우 띠엔 옹 (아잉, 찌) 덴 벼엘 남 아?
Lần đầu tiên ông (anh, chị) đến Việt Nam à?

▼ 그렇습니다.

뚱 녀으 버이
Đúng như vậy.

▶ 어느 나라에서 오셨습니까?

옹 (아잉, 찌) 덴 드 느억 나오
Ông (anh, chị) đến từ nước nào?

▼ 한국에서 왔습니다.

또이 덴 드 하안 꾸억

Tôi đến từ Hàn Quốc.

▶ 단체입니까, 개인입니까?

옹 (아잉, 찌) 디 태오 도완 하이 디 지엥

Ông (anh, chị) đi theo đoàn hay đi riêng?

▼ 개인여행입니다.

또이 디 주 을릭 몯 밍

Tôi đi du lịch một mình.

▶ 여행 오셨습니까?

옹 (아잉, 찌) 디 주 을릭 아

Ông (anh, chị) đi du lịch à?

▼ 아닙니다. 출장 왔습니다.

코옹, 또이 디 꽁 딱

Không, tôi đi công tác.

입국

입국 수속을 마친 후 자신이 타고 온 항공사의 비행기 편명이 적혀 있는 곳에서 자신의 수하물을 찾는다.

자주 쓰이는 표현 _ 1

■ 짐차(카터)가 어디에 있습니까?

너이 녀은 하잉 을리 어 더우

Nơi nhận hành lý ở đâu?

···▶ 저쪽에 있습니다.

어 당 끼어

Ở đằng kia.

바꿔 말하기

- **안쪽** bên trong 벤 쪼옹
- **바깥쪽** bên ngoài 벤 응와이
- **오른쪽** bên phải 벤 파이
- **왼쪽** bên trái 벤 짜이

수하물이 보이지 않으면 직원에게 수하물표를 보인 후, 도움을 청한다. 수하물 분실 및 파손시 손해배상을 받을 수 있으니 즉시 신고해야 한다.

자주 쓰이는 표현 _ 2

입국심사
수하물
세관
환전
입국

■ 수하물 찾는 곳이 어디에 있습니까?

너이 녀은 하잉 을리 어 더우

Nơi nhận hành lý ở đâu?

…▸ 저쪽에 있습니다.

어 당 끼어

Ở đằng kia.

바꿔 말하기

- **안내소** điểm hướng dẫn 디엠 흐엉 즈언
- **면세점** cửa hàng miễn thuế 끄어 항 미엔 투에

유용한 표현

▼ 말씀 좀 묻겠습니다. 짐 찾는 곳이 어디입니까?

조 또이 호이 몯 쭏 너이 녀은 하잉 을리 어 더우

Cho tôi hỏi một chút, nơi nhận hành lý ở đâu?

▶ 이쪽입니다.

어 벤 나이

Ở bên này.

▼ 제 짐이 없습니다.

또이 코옹 테이 하잉 을리 꾸어 또이

Tôi không thấy hành lý của tôi.

▶ 편명을 말씀해 주십시오.

씬 조 삐엘 뗀 쭈엔 바애

Xin cho biết tên chuyến bay?

▼ VN936편입니다.

쭈엔 베애너 찐 바 싸우

Chuyến VN936.

▼ 이것이 제 수하물표입니다.

데이 을라 테 하잉 을리 꾸어 또이
Đây là thẻ hành lý của tôi.

▶ 수하물이 어떤 모양입니까?

하잉 을리 꼬 히잉 장 테 나오 아
Hành lý có hình dáng thế nào ạ?

▼ 비교적 큰 검은색 트렁크입니다.

노 을라 바 을리 또 마우 댄
Nó là va li to màu đen.

▼ 지금 바로 알아봐 주십시오.

씬 딤 줍 응아이 조 또이
Xin tìm giúp ngay cho tôi.

▼ 찾으면 바로 호텔로 보내 주십시오.

네우 딤 드억 씬 그이 응아이 덴 카익 싼 조 또이
Nếu tìm được xin gửi ngay đến khách sạn cho tôi.

입국

세관 검사는 그다지 까다롭지 않으며 전염병을 옮길 가능성이 있는 동식물은 반드시 신고하여 검역을 받아야 한다.

자주 쓰이는 표현 _ 1

■ 신고할 물건이 있습니까?

꼬 항 호아 거은 카이 바오 코옹 아

Có hàng hóa cần khai báo không ạ?

···▸ 없습니다.

코옹 꼬 지 아

Không có gì ạ.

바꿔 말하기

- 동물 động vật 동 버읕
- 돈 tiền 띠엔
- 식물 thực vật 특 버읕
- 식품 thực phẩm 특 펌

자주 쓰이는 표현 _ 2

■ 이것은 무엇입니까?

까이 나이 을라 까이 지

Cái này là cái gì?

···▸ 이것은 제 개인용품입니다.

까이 나이 을라 도 중 까 녀언 꾸어 또이

Cái này là đồ dùng cá nhân của tôi.

바꿔 말하기

- 선물 quà tặng 과 땅
- 한국음식 món ăn Hàn Quốc 몬 안 하안 꾸억
- 약 thuốc 툭
- 화장품 mỹ phẩm 미이 펌

유용한 표현

▸ 신고할 물건이 있습니까?

꼬 항 호아 지 거은 카이 바오 코옹

Có hàng hóa gì cần khai báo không?

▾ 없습니다.

코옹 꼬 아

Không có ạ.

▸ 안에 무엇이 있습니까?

쪼옹 나이 꼬 까이 지

Trong này có cái gì?

▾ 전부 옷하고 제 개인용품입니다.

또안 보 을라 구언 아오 바 도 중 까 녀언 꾸어 또이

Toàn bộ là quần áo và đồ dùng cá nhân của tôi.

▸ 이 가방을 열어 보십시오.

씬 하애 머 까이 바 을리 나이 자

Xin hãy mở cái va li này ra.

▸ 짐이 더 있습니까?

곤 하잉 을리 나오 칵 코옹
Còn hành lý nào khác không?

▾ 이 물건은 관세를 물어야 합니까?

항 나이 파이 짜아 띠엔 투에
Hàng này phải trả tiền thuế.

▸ 출국 때까지 잘 보관하십시오.

씬 하애 바오 꽌 조 또이 덴 키 쑤얻 까잉
Xin hãy bảo quản cho tôi đến khi xuất cảnh.

▸ 돈은 얼마나 가지고 있습니까?

옹 (아잉, 찌) 마앙 태우 빠오 녀에우 띠엔
Ông (anh, chị) mang theo bao nhiêu tiền?

▾ 500달러를 가지고 있습니다.

또이 마앙 남 짜음 도 을라 미이
Tôi mang năm trăm đô la Mỹ.

입국

베트남에서 사용되는 돈은 **đồng** 동 이다. 베트남 화폐는 지폐와 동전이 있다.

자주 쓰이는 표현 _ 1

■ 어서 오십시오!

자오 옹 (아잉, 찌)

Chào ông (anh, chị...)!

…▶ 달러를 베트남 동으로 바꾸려고 합니다.

또이 무언 도이 도 을라 미이 사앙 띠엔 벼엘

Tôi muốn đổi đô la Mỹ sang tiền Việt.

바꿔 말하기

- **원화** tiền won Hàn Quốc 띠엔 원 하안 꾸억
- **엔화** tiền yên Nhật 띠엔 연 녀얻

지폐는 코튼으로 만들어지는 옛날 지폐도 유통되지만 새로 발행된 폴리머 지폐도 있다. 폴리머 지폐를 셀 때에는 두장 겹친 것이 있는지 유의해야 한다.

자주 쓰이는 표현 _ 2

■ 얼마나 바꾸실 겁니까?

도이 빠우 녀에우 아

Đổi bao nhiêu ạ?

···▶ 오백 달러를 바꾸려고 합니다.

또이 무언 도이 남 짬 도 을라

Tôi muốn đổi năm trăm đô la.

바꿔 말하기

- 천(1,000) một nghìn 몯 응인
- 이천(2,000) hai nghìn 하이 응인
- 삼백(300) ba trăm 바 짬
- 칠백(700) bảy trăm 베이 짬

유용한 표현

▼ 어디서 환전을 합니까?

도이 띠엔 어 더우 아

Đổi tiền ở đâu ạ?

▶ 1층에 은행이 있습니다.

어 떵 몯 꼬 응언 항

Ở tầng một có ngân hàng.

▼ 환전을 하려고 합니다.

또이 무언 도이 띠엔

Tôi muốn đổi tiền.

▶ 어떤 외화를 가지고 계십니까?

옹 (아잉, 찌) 마앙 태우 띠엔 지

Ông (anh, chị) mang theo tiền gì?

▼ 달러입니다.

또이 꼬 도 을라 미이

Tôi có đô la Mỹ.

▶ 얼마나 바꾸시겠습니까?

도이 빠우 녀에우 아
Đổi bao nhiêu ạ?

▼ 100달러입니다.

또이 도이 몯 짬 도 을라
Tôi đổi một trăm đô la.

▶ 먼저 환전표를 적어 주십시오.

씬 하애 기 피에우 도이 띠엔 쯔억 아
Xin hãy ghi phiếu đổi tiền trước ạ.

▼ 오늘은 환율이 어떻게 됩니까?

홈 나애 띠 자 호이 도아이 테 나오
Hôm nay tỉ giá hối đoái thế nào?

▶ 100달러에 1,605,700 동입니다.

몯 짬 도 을라 도이 드억 몯 찌에우 싸우 짬 을링 남 응인 베이 짬 동
Một trăm đô la đổi được một triệu sáu trăm linh năm nghìn bảy trăm đồng.

도움이 되는 **활용 어휘**

입국관리	quản lý nhập cảnh 꽌 을리 녀읍 까잉
입국심사	kiểm tra nhập cảnh 끼엠 짜 녀읍 까잉
입국목적	mục đích nhập cảnh 묵 띡 녀읍 까잉
입국카드	tờ khai nhập cảnh 떠 카이 녀읍 까잉
검역	kiểm dịch 끼엠 직
여권	hộ chiếu 호 찌에우
비자	visa 비 자
여권번호	số hộ chiếu 쏘 호 찌에우
외국인	người nước ngoài 응어이 느억 응와이
이름	tên 뗀
국적	quốc tịch 꾸억 딕
생년월일	ngày sinh 응아이 씽
나이	tuổi 뚜이
성별	giới tính 저이 띵
남/여	nam/nữ 남 / 느으

주소	địa chỉ 디어 찌
연락처	địa chỉ liên lạc 디어 찌 을련 을락
기혼	đã kết hôn 다아 껜 혼
미혼	chưa kết hôn 쯔어 껜 혼
출발지	nơi xuất phát 너이 쑤얻 팓
직업	nghề nghiệp 응에 응엽
회사원	nhân viên công ty 녀언 비엔 꽁 띠
교사	giáo viên 자오 비엔
학생	học sinh 혹 싱
사업가	doanh nhân 좌잉 녀언
은행원	nhân viên ngân hàng 녀언 비엔 응언 항
여행	du lịch 주 을릭
출장	đi công tác 디 꽁 딱
사업	kinh doanh 낑 좌잉
친지방문	thăm thân 탐 턴

도움이 되는 **활용 어휘**

세관	hải quan 하이 꼬안
관세	thuế 투에
세관신고	khai báo hải quan 카이 바오 하이 꼬안
외환신고	khai báo ngoại tệ 카이 바오 응와이 떼
현금	tiền mặt 띠엔 맏
면세품	hàng miễn thuế 항 미엔 투에
술	rượu 즈어우
담배	thuốc lá 툭 을라
향수	nước hoa 느억 화
선물	quà tặng 과 땅
개인용품	đồ dùng cá nhân 도 중 까 녀언
한국음식	món ăn Hàn Quốc 몬 안 하안 꾸억
동물	động vật 동 버읃
식물	thực vật 특 버읃
반입금지품	hàng cấm nhập 항 껌 녀읍

세관

카메라	máy ảnh 마애 아잉
디지털카메라	máy ảnh kỹ thuật số 마애 아잉 끼 투엇 쏘
비디오	vi đi ô 비 디 오
텔레비전 (TV)	ti vi 띠 비
비디오카메라	máy quay ca mê ra 마애 꽈이 가 메 라
책	sách 싸익
민속공예품	hàng mỹ nghệ dân tộc 항 미이 응에 전 독
규정	quy định 뀌 딩
발행일자	ngày cấp 응아이 껍
신고	khai báo 카이 바오
신고자	người khai 응어이 카이
총중량	tổng trọng lượng 또옹 쪼옹 을르엉
총액	tổng trị giá 또옹 찌 자
확인	xác nhận 싹 녀은

도움이 되는 **활용 어휘**

은행	ngân hàng 응언 항
환전	đổi tiền 도이 띠엔
외화	ngoại tệ 응와이 떼
외환신고	khai báo ngoại tệ 카이 바오 응와이 떼
외환신고란	mục khai báo ngoại tệ 묵 카이 바오 응와이 떼
환전소	nơi đổi tiền 너이 도이 띠엔
환전표	phiếu đổi tiền 피에우 도이 띠엔
환율	tỉ giá hối đoái 디 자 호이 돠이
현금	tiền mặt 띠엔 맏
한화	tiền Hàn Quốc 띠엔 하안 꾸억
유로화	tiền Euro 띠엔 에 로
달러	đô la Mỹ 도 을라 미이
엔화	tiền Yên Nhật 띠엔 이엔 녀얻
홍콩 달러	đô la Hồng Kông 도 을라 홍 꽁
파운드	đồng bảng Anh 동 방 아잉

환전

여행자 수표	séc du lịch 쌕 주 을릭
수표	séc / ngân phiếu 쌕 / 응언 피에우
지폐	tiền giấy 띠엔 제이
동전	tiền xu 띠엔 쑤
잔돈	tiền lẻ 띠엔 을래
영수증	hóa đơn 화 던
바꾸다	đổi 도이
수표를 현금으로 교환하다	đổi ngân phiếu sang tiền mặt 도이 응언 피에우 사앙 띠엔 맏

교 통

베트남은 약 3,444㎞의 해안선 및 최북단과 최남단의 직선거리가 1,650㎞의 정도로 긴 나라이다. 지방간에 교통수단은 비행기, 철도, 버스 등이 있으며 지방 내에 현지인이 주로 쓰는 수단은 오토바이나 자전거들이다. 시내 대중교통은 지하철이 아직 없으며 그 대신 버스나 택시 또는 xe ôm 쌔 옴 돈 내고 타는 오토바이 택시의 방식을 많이 이용한다.

 비행기 máy bay 마애 바애

국내선 및 국제선으로 운행하고 있는 베트남항공, 대한항공 및 아시아나항공 등이 있다. 베트남항공은 국내 17개의 항로와 국제 26개의 항로에 취항하고 있다. 국내선으로 잘 이용되는 하노이-호치밍시의 노선은 약 2시간정도 걸린다. 제일 빠르고 편한 교통수단이지만 값이 비싸서 서민들이 이용하는데 부담이 되는 편이다.

베트남 내 주요 공항

- Sân bay Tân Sơn Nhất - Thành phố Hồ Chí Minh 호치밍시
  써은 바애 떠은 썬 녀얻 – 타잉 포 호 치 밍
- Sân bay Nội Bài, - Hà Nội 하노이시
  써은 바애 노이 바이
- Sân bay Đà Nẵng - Đà Nẵng 다낭시
  써은 바애 다 낭
- Sân bay Điện Biên Phủ 디엔비엔푸
  써은 바애 디엔 비엔 푸
- Sân bay Phú Bài - Huế 훼에시
  써은 바애 푸 바이
- Sân bay Cát Bi - Hải Phòng 하이퐁시
  써은 바애 깓 비

기차 tàu hỏa 따우 화

기차는 장거리의 이동수단으로 많이 이용된다. 기차의 종류는 Tàu Thống nhất 따우 통 녀얻 통일호 와 지방 항로 기차 등이 있다. 노선은 크게 국제선과 국내선으로 구분되며 국제선으로는 Lào Cai 을라오 까이-Bắc Kinh 빡 낑 베이징, Lạng Sơn 을랑 썬-Bắc Kinh 빡 낑 베이징 등 2가지의 노선이 중국과 연결되어 있다.

국내선으로는 도시와 도시, 대도시와 지방 등의 노선이 있다. 좌석은 침대인가 의자인가, 그리고 딱딱한지 부드러운지 또는 에어컨 설치의 여부에 따라 가격이 다르다.

열차의 종류

열차는 한국같이 고속열차가 아직 없고, 단선협궤인 철도로 열차의 속도는 그다지 빠르지 않은 편이다.

- **tàu Thống nhất** 따우 토옹 녀얻 **통일호**

국제열차와 국내열차가 해당되며 대도시간을 운행하는 장거리 열차이다. 국내선은 주로 하노이-호치밍시의 노선으로 운행하며 같은 통일호이지만 여러 가지 종류가 있다.

▷ **tàu đặc biệt nhanh** 따우 닥 비엔 냐잉

특급열차라고 하여 하노이-호치밍 간 30시간 소요된다. 열차표 중 제일 비싼 것이다.

▷ **tàu nhanh** 따우 냐잉

급행열차로, 하노이-호치밍 간 32시간 정도 소요된다.

▷ **tàu thường, tàu hỗn hợp** 따우 트엉, 따우 혼 헙

보통열차 및 혼합형 열차라고 하여 열차표는 싸지만 속도는 느린 편이다. 간이역마다 서는 서민용이며 하노이-호치밍 간 41시간정도 소요된다.

- **tàu Địa phương** 따우 디어 프엉 **지방 열차**

하노이시, 호치밍시 등의 대도시에서 다른 지방으로 연결해 주는 열차이다. 보통열차로 그 운행의 수량도 한계가 있다.

이 외, 하노이-사빠 베트남 부서부 소수민족 많이 사는 명승지 노선으로

주 4회 운행하는 빅토리아Victoria 라는 고급 여행열차도 있다. 서양식 서비스를 제공하며 고급스러운 2인실 및 4인실의 구조로 설계된 열차칸 몇 개를 일반 열차에 연결시켜 운행한다.

열차좌석

- giường mềm có điều hòa 즈엉 멤 꼬 디에우 화

장거리 이동열차에는 대부분 침대칸이 있다. 부드러운 침대로 열차의 여러 가지 좌석 중에서 가장 비싸다. 에어컨이 설치되어 있으며 4인 1실(2층 침대)의 구조이다.

- giường cứng 즈엉 끄응

얇은 매트리스로 된 딱딱한 침대에 얇은 시트가 깔려 있으며, 6인 1실(3층 침대)이 기준이다. 에어컨 여부에 따라 giường cứng có điều hòa 즈엉 끄응 꼬 디에우 화 및 giường cứng không có điều hòa 즈엉 끄응 코옹 꼬 디에우 화 로 나뉜다.

- ghế cứng 게 끄응 – ghế mềm 게 멤

지정석으로 좌석의 편리함에 따라 값이 다르다. 에어컨이 설치된 부드러운 좌석인 ghế mềm có điều hòa 게 멤 꼬 디에우 화, 2층 열차의 에어컨 설치된 부드러운 좌석인 ghế mềm toa hai tầng게 멤 또아 하이 떵, 에어컨 없는 부드러운 좌석 ghế mềm 게 멤, 에어컨 없으며 딱딱한 좌석 ghế cứng 게 끄응 등이 있다. ghế cứng 게 끄응은 값이 제일 싼 편이다.

버스 xe buýt 쌔 부잍

버스는 시내버스와 시외버스가 있다. 시외버스는 장거리를 운행하며 대부분 대형버스들이다. 소형버스는 개인 버스회사가 주로 운영한다. 일반버스 및 미니버스로 매일 새벽5시~저녁9시까지 운행하고 있으며, 시내버스 안에 버스 안내원이 있어서 승객에게 요금을 알려주고 받는다. 버스 정류장을 알려 주는 방송이 없어서 외국인들에게는 불편한 편이다. 최근 호치밍시에 시내버스로 운행하는 2층 버스가 새로 생겼다.

택시 tắc xi 딱 시

다른 시내 교통수단보다 비싼 편이지만 외국인 관광객들에게 아주 편리한 교통수단이다. 4인승, 7인승, 12인승 등의 소형 및 중형, 대형 택시들이 있다.

자전거 및 오토바이 xe đạp 쌔 답 - xe máy 쌔 마애

많은 베트남 사람들은 주로 오토바이나 자전거를 이용한다. 특히 대도시에서는 출퇴근 시간에 오토바이들로 길 막히는 모습을 많이 볼 수 있다. 외국인이 자주 다니는 거리에서는 오토바이 및 자전거를 대여해 주는 곳이 많이 있으며, 이 때 약간의 보증금이 필요하다.

씨클로와 쌔옴 xích lô 씩 을로 - xe ôm 쌔옴

xích lô 씩 을로와 xe ôm 쌔옴은 승객과 운전자가 도착지점까지의 거리에 따라 가격을 상의해서 타는 교통수단이다. 최근에 오토바이가 많이 쓰이며, xích lô 씩 을로는 점점 없어져 가고 있다. xích lô 씩 을로는 정부의 규정에 따라 운행 제한 구역이 있으며 관광객을 대상으로 주요 관광 도시의 중심만 운행 가능하다. 운전자가 승객 뒤에 있어 운전하는 삼륜 자전거인데 교통수단보다 도시 구경을 하기위한 수단이라고 할 수 있다.

xe ôm 쌔 옴은 주로 도시의 삼거리나 사거리에 모여 있으며 시내 어디든지 다 돌아다닐 수 있는 교통수단이다. xe ôm 쌔 옴의 가격은 운행거리에 따라 결정되는데 운전자 마음대로 가격을 정할 수 있어서 잘 깎아서 이용하는 것이 좋다.

교통

베트남여행 중의 가장 기본은 그 지방의 지도를 사는 일이다. 서점이나 우체국에서 살 수 있으며 길을 미리 찾고 가는 것이 좋다.

자주 쓰이는 표현 _ 1

■ 실례지만, 한국대사관까지 어떻게 갑니까?

씬 조 호이, 덴 다이 쓰 꾸안 하안 꾸억 디 드엉 나오

Xin cho hỏi, đến đại sứ quán Hàn Quốc đi đường nào?

…▶ 곧장 앞으로 가세요.

디 탕 베 피어 쯔억

Đi thẳng về phía trước.

바꿔 말하기

• 버스정류장	bến xe buýt	벤 쌔 부읻
• 기차역	ga tàu hỏa	가 따우 화
• 공항	sân bay	써은 바애

교통이 복잡하고 오토바이가 많기 때문에 길을 걷거나 자전거를 탈 때는 주위를 확인 한 다음 길을 건너도록 한다.

자주 쓰이는 표현 _ 2

■ 대하빌딩이 멉니까?

또아 냐 대하 꼬 싸 데이 코옹 아

Tòa nhà Daeha có xa đây không ạ?

···▸ 그다지 멀지 않습니다.

코옹 싸 을람

Không xa lắm.

바꿔 말하기

- 한국대사관 Đại sứ quán Hàn Quốc 다이 쓰 꾸안 하안 꾸억
- 환 끼엠 호수 Hồ Hoàn kiếm 호 환 끼엠
- 호치민박물관 Bảo tàng Hồ Chí Minh 바오 땅앙 호 치 밍
- 시청 Ủy ban Nhân dân thành phố 우이 반 녀언 전 타잉 포

유용한 표현

▼ 실례지만, 문묘까지 어떻게 갑니까?

씬 조 호이, 덴 반 미에우 디 드엉 나오
Xin cho hỏi, đến Văn Miếu đi đường nào?

▶ 사거리를 지나서 앞으로 조금 더 가세요.

디 과 응아 뜨 조이 디 탕 몯 쭏 베 피어 쯔억
Đi qua ngã tư rồi đi thẳng một chút về phía trước.

▼ 여기서 먼가요?

꼬 싸 데이 코옹
Có xa đây không?

▶ 그다지 멀지 않습니다.

코옹 싸 을람
Không xa lắm.

▼ 걸어갑니까, 아니면 차를 탑니까?

디 보 하이 파이 디 쌔 오 또 아
Đi bộ hay phải đi xe ô tô ạ?

▸ 걸어서 10분이면 됩니다.

디 보 므어이 푿 티 덴

Đi bộ mười phút thì đến.

▾ 타잉 꽁 시장은 어디에 있습니까?

쩌 타잉 꽁 어 더우 아

Chợ Thành Công ở đâu ạ?

▾ 여기는 어디입니까?

어 데이 을라 더우 아

Ở đây là đâu ạ?

▾ 길을 잃었습니다.

또이 비 을락 드엉

Tôi bị lạc đường.

▾ 저를 여기까지 안내해줄 수 있습니까?

꼬 테 찌 조 또이 까익 덴 데이 코옹

Có thể chỉ cho tôi cách đến đây không?

손가락으로 가리키며

교통

버스는 시내버스와 시외버스가 있는데 안내방송이 없으며 그 대신 버스 안내원이 있다. 시내버스는 정거장에서 버스 노선의 정보를 볼 수 있으나 시외버스의 경우는 매표소 앞에서 게시판을 봐야 한다.

자주 쓰이는 표현 _ 1

■ 여기 7번 버스가 있습니까?

어 데이 꼬 쌔 부읻 쏘 베이 코옹

Ở đây có xe buýt số bảy không?

···▸ 있습니다. / 없습니다.

꼬 / 코옹 꼬

Có / Không có.

바꿔 말하기

• 공항에 가는	đi sân bay	디 써은 바애
• 장 보오 전시회에 가는	đi triển lãm Giảng Võ	디 찌엔 을람 장 보오
• 미토에 가는 메콩델타의 북쪽	đi Mỹ Tho	디 미토

시내버스는 일정한 요금이 정해져 있고, 시외버스는 버스의 종류와 구간에 따라 요금 차이가 있다. 시내버스 안내원에게 요금을 낼 때 버스표를 받고 타고 있는 동안 그 표를 보관해야 한다.

자주 쓰이는 표현 _ 2

■ 역사박물관에 가려면 몇 번 버스를 탑니까?

덴 바오 따앙 을릭 쓰 파이 디 쌔 쏘 메이 아

Đến **bảo tàng lịch sử** phải đi xe số mấy ạ?

···▸ 2번을 타세요.

디 쌔 쏘 하이

Đi xe số hai.

길묻기

버스

택시

자전거 씨클로

기차

교통

바꿔 말하기

• 빳 장 도자기 마을	làng Bát Tràng	을랑 빳 장
• 하노이 깃대	cột cờ Hà Nội	꼳 꺼 하 노이
• 하롱베이	vịnh Hạ Long	빙 하 을롱
• 떠이 닝 사원	Tòa thánh Tây Ninh	또아 타잉 떠이 닝

유용한 표현

▼ 버스 정류장이 어디입니까?

벤 쌔 부읻 어 더우 아

Bến xe buýt ở đâu ạ?

▼ 버스표를 사려고 합니다.

또이 무언 무어 배 쌔 부읻

Tôi muốn mua vé xe buýt.

▼ 벤 타잉Rex 호텔에 가려면 어디에서 내려야 합니까?

또이 무언 덴 카익 싼 벤 타잉 티 파이 쑤엉 어 더우

Tôi muốn đến khách sạn Bến Thành (Rex) thì phải xuống ở đâu?

▶ 다음 정류장에서 내리세요.

쑤엉 벤 사우

Xuống bến sau.

▼ 비켜주세요.

조 디 녀어 몯 쭏

Cho đi nhờ một chút.

▼ 이 버스가 하노이 타워에 갑니까?

쌔 부읻 나이 꼬 디 탑 하 노이 코옹

Xe buýt này có đi Tháp Hà Nội không?

▶ 갑니다, 표를 사시겠습니까?

꼬. 머이 옹 (아잉, 찌) 무어 배

Có, mời ông (anh, chị) mua vé?

▼ 하노이 타워까지 몇 정거장이나 남았습니까?

덴 탑 하 노이 곤 메이 벤 쌔 느어

Đến Tháp Hà Nội còn mấy bến xe nữa?

▶ 아직 몇 정거장 남았습니다.

곤 메이 벤 느어

Còn mấy bến nữa.

▼ 도착하면 말씀해 주십시오.

키 나오 덴 하애 조 또이 삐엘 녀애

Khi nào đến hãy cho tôi biết nhé.

교통

택시는 택시회사 및 차의 종류에 따라 요금의 차이가 나며 시내구간을 운행할 때는 미터 요금을 받지만 외곽으로 나갈 때는 미리 요금을 결정해야 한다.

자주 쓰이는 표현 _ 1

■ 어디까지 가십니까?

아잉 (찌) 디 더우

Anh (chị) đi đâu?

···▶ 하노이호텔에 갑니다.

또이 디 카익 싼 하노이

Tôi đi khách sạn Hà Nội.

바꿔 말하기

• 호치밍 박물관	bảo tàng Hồ Chí Minh	바오 따앙 호 치 밍
• 경찰서	đồn công an	돈 꽁 안
• 하노이역	ga Hà Nội	가 하 노이
• Big C 백화점	siêu thị Big C	씨에우 티 빅 세

하노이 및 호치밍시에서 가격이 싸고 잘 이용하는 택시는 taxi Hà Nội 하노이 택시, taxi CP CP 택시, taxi Mai Linh 마이 을링 택시, Vina taxi 비나 택시 등이 있다.

자주 쓰이는 표현 _ 2

■ 서점 앞쪽에 세워 주십시오.

도오 을라이 쯔억 히에우 싸익 조 또이

Đỗ lại trước hiệu sách cho tôi.

···▶ 알겠습니다.

벙

Vâng.

바꿔 말하기

- 입구 lối vào 을로이 바오
- 횡단보도 chỗ sang đường 쪼 사앙 드엉
- 정문 cổng chính 공 찡
- 호텔 khách sạn 카익 싼

유용한 표현

▼ 택시 정류장이 어디입니까?

디엠 도오 딱시 어 더우
Điểm đỗ taxi ở đâu?

▼ 이 주소로 가 주세요.

디 덴 디어 찌 나이 조 또이
Đi đến địa chỉ này cho tôi.

▼ 에어콘을 켜 주세요.

브엇 디에우 화 조 또이
Bật điều hòa cho tôi.

▼ 여기서 얼마나 걸립니까?

드 데이 디 머을 바오 을러우
Từ đây đi mất bao lâu?

▶ 약 30분 정도 걸립니다.

머을 코앙 바 므어이 풋
Mất khoảng ba mươi phút.

▼ 여기서 기다려 주세요.

더이 또이 어 데이 녀애

Đợi tôi ở đây nhé.

▼ 빨리 가 주세요.

을람 언 디 냐잉 헌

Làm ơn đi nhanh hơn.

▼ 공항까지 얼마입니까?

덴 써은 바애 자 빠오 녀에우

Đến sân bay giá bao nhiêu?

▼ 잔돈이 없습니다.

또이 코옹 꼬 띠엔 을레

Tôi không có tiền lẻ.

▼ 잔돈은 필요 없습니다.(가지세요)

코옹 거은 띵 띠엔 을레 느어

Không cần tính tiền lẻ nữa.

교통

자전거는 베트남 사람들의 보편적인 교통수단이다. 하노이 및 호치밍시 등의 각 도시는 길이 평평하고 일방통행로가 많다.

자주 쓰이는 표현 _ 1

■ 어서 오십시오.

자오 옹 (아잉, 찌)

Chào ông (anh, chị).

…▶ 자전거 1대를 빌리고 싶습니다.

또이 무언 므언 못 찌엑 쌔 답

Tôi muốn mượn một chiếc xe đạp.

바꿔 말하기

- 오토바이를 빌리다 mượn xe máy 므언 쌔 마애
- 승용차를 빌리다 mượn xe ô tô 므언 쌔 오 또
- 씨클로 타다 đi xích lô 디 씩 을로
- 쌔옴을 타다 đi xe ôm 디 쌔 옴

자전거/씨클로

1차선은 자동차와 트럭, 2차선은 오토바이 및 자전거, 씨클로 등이 다니지만 그 수가 점점 줄어들고 있다. 여행객들에게 자전거와 오토바이를 대여해 주는 곳이 많으며 주로 하루나 반나절 단위로 이용가능하다.

자주 쓰이는 표현 _ 2

■ 하루에 얼마입니까?

조 투에 자 빠오 녀에우 몯 응아이 아

Cho thuê giá bao nhiêu **một ngày** ạ?

…▶ 60,000동입니다.

싸우 므어이 응인 동

Sáu mươi nghìn đồng.

바꿔 말하기

- 1시간　một tiếng　몯 띠엥
- 3시간　ba tiếng　바 띠엥
- 한나절　nửa ngày　느어 응아이
- 반나절　một phần tư ngày　몯 퍼은 뜨 응아이

유용한 표현

▼ 어디에서 자전거를 빌릴 수 있습니까?

꼬 테 므언 쌔 답 어 더우
Có thể mượn xe đạp ở đâu?

▼ 자전거를 한 대 빌리고 싶습니다.

또이 무언 므언 몯 찌엑 쌔 답
Tôi muốn mượn một chiếc xe đạp.

▼ 한 시간 빌리는데 얼마입니까?

또이 딩 므언 몯 띠엥 티 자 빠오 녀에우
Tôi định mượn một tiếng thì giá bao nhiêu?

▶ 한 시간에 5,000동입니다.

몯 띠엥 자 남 응인 동
Một tiếng giá năm nghìn đồng.

▼ 하루에 얼마입니까?

몯 응아이 티 자 빠오 녀에우
Một ngày thì giá bao nhiêu?

▼ 보증금이 필요합니까?

꼬 거은 띠엔 닫 꼭 코옹
Có cần tiền đặt cọc không?

▼ 타이어에 바람이 없습니다. 다른 것으로 바꿔주세요.

쌔 비 시 을롭. 도이 조 또이 까이 칵
Xe bị xì lốp. Đổi cho tôi cái khác.

▼ 이 자전거가 마음에 듭니다.

또이 틱 까이 쌔 답 나이
Tôi thích cái xe đạp này.

▼ 언제까지 돌려줘야 합니까?

바오 저 또이 파이 짜아 을라이
Bao giờ tôi phải trả lại?

▶ 8시까지는 돌려주셔야 합니다.

덴 땀 저 파이 짜아 을라이
Đến tám giờ phải trả lại.

유용한 표현

▼ 여기서 쭝 화 지역까지 얼마입니까?

드 데이 덴 쿠 쭝 화 헷 빠오 녀에우

Từ đây đến khu Trung Hòa hết bao nhiêu?

▼ 우회전 좀 해 주세요.

재 파이 조 또이

Rẽ phải cho tôi.

▼ 좌회전 좀 해 주세요.

재 짜이 조 또이

Rẽ trái cho tôi.

▼ 여기 세워 주시면 됩니다.

증 을라이 어 데이 조 또이

Dừng lại ở đây cho tôi.

▼ 호안 끼엠 호수를 한 바퀴 돌아가면 얼마입니까?

디 몯 봉 꽈잉 호 호안 끼엠 헷 빠오 녀에우 띠엔

Đi một vòng quanh Hồ Hoàn Kiếm hết bao nhiêu tiền?

▾ 근처에 있는 '24 퍼' 음식점에 가 주세요.

조 또이덴 꾸안 퍼 하이 뜨 거은 녀얻
Cho tôi đến quán phở 24 gần nhất.

▾ 우리는 같이 가고 싶은데요.

쭝 또이 무언 궁 디 버이 냐우
Chúng tôi muốn cùng đi với nhau.

▾ 쌔옴 하나 더 불러 주시겠어요?

고이 템 조 쭝 또이 몯 쌔 옴 느어
Gọi thêm cho chúng tôi một xe ôm nữa.

▾ 좀 천천히 가 주세요.

을람 언 디 쩜 토이
Làm ơn đi chậm thôi.

▾ 급한 일이 있어서 좀 빨리 가 주세요.

을람 언 디 냐잉 헌, 또이 당 꼬 비엑 보이
Làm ơn đi nhanh hơn, tôi đang có việc vội.

교통

지방간의 장거리를 이동할 때 외국인 관광객들이 주로 이용하는 교통수단은 기차이다. 표 값도 싸고 안전한 편이기 때문이다.

자주 쓰이는 표현 _ 1

■ 어서 오세요.

자오 옹 아잉 (찌)

Chào ông anh (chị).

…▸ 훼에 고궁 으로 가는 기차표 1장을 주십시오.

조 또이 몯 배 디 훼에

Cho tôi một vé đi **Huế**.

바꿔 말하기

- 사 빠 Sa Pa 사 빠
- 다 낭 Đà nẵng 다 낭
- 호치밍시 thành phố Hồ Chí Minh 타잉 포 호 치 밍
- 하이 퐁 Hải Phòng 하이 퐁

베트남의 기차는 소요시간, 좌석의 종류와 에어컨 설치 여부에 따라 값이 다르다. 에어컨이 있는 자리를 원할 때는 좌석 종류 바로 뒤에 có điều hòa 꼬 디에우 화 에어컨 있는 를 붙여 말을 해야 한다.

자주 쓰이는 표현 _ 2

■ 어느 역에서 타야합니까?

또이 파이 디 어 가 나오

Tôi phải đi ở ga nào?

···▸ 하노이역입니다.

가 하 노이

Ga Hà Nội.

길묻기
버스
택시
자전거 씨클로
기차
교통

바꿔 말하기

- 내리다 xuống 쑤엉
- 갈아타다 đổi 도이

유용한 표현

▼ 매표소가 어디입니까?

너이 빤 배 어 더우

Nơi bán vé ở đâu?

▼ 내일 훼에(고궁)으로 가는 기차표가 있습니까?

곤 배 따우 디 훼에 응아이 마이 코옹

Còn vé tàu đi Huế ngày mai không?

▼ 하노이까지 왕복표 2장 주세요.

조 또이 하이 배 크 호이 디 하 노이

Cho tôi hai vé khứ hồi đi Hà Nội.

▶ 부드러운 침대칸을 원하십니까,
아니면 딱딱한 침대칸을 원하십니까?

옹 (아잉, 찌) 무언 배 즈엉 멤 하이 무언 배 즈엉 끄응

Ông (anh, chị) muốn vé giường mềm hay muốn vé giường cứng?

▼ 부드러운 침대표를 한 장 주십시오.

조 또이 못 배 즈엉 멤

Cho tôi một vé giường mềm.

▼ 요금은 얼마입니까?

자 띠엔 을라 빠오 녀에우

Giá tiền là bao nhiêu?

▶ 부드러운 침대표는 460,000동,
딱딱한 침대표는 430,000동입니다.

배 즈엉 멤 을라 쁜 짬 싸우 므어이 응인 동
즈엉 끄응 을라 쁜 짬 바 므어이 응인 동

Vé giường mềm là 460,000đồng,
giường cứng là 430,000đồng.

▼ 가격이 많이 차이납니까?

자 배 꼬 쩨엥 냐우 녀에우 을람 코옹

Giá vé có chênh nhau nhiều lắm không?

▼ 몇 시에 다낭으로 가는 기차가 있습니까?

메이 저 티 꼬 따우 디 다 낭

Mấy giờ thì có tàu đi Đà Nẵng?

▼ 사이공행 열차는 어디서 타야 됩니까?

을렌 따우 디 사이 곤 어 더우 아

Lên tàu đi Sài Gòn ở đâu ạ?

유용한 표현

▼ 표를 반환해도 됩니까?

짜아 을라이 배 꼬 드억 코옹

Trả lại vé có được không?

▼ 조금 더 늦게 출발하는 기차는 없습니까?

꼬 쭈엔 따우 나오 커이 하잉 무언 헌 코옹

Có chuyến tàu nào khởi hành muộn hơn không?

▼ 개표 시간이 아직 안 되었습니까?

빠은 쯔어 덴 저 소앋 배 아

Vẫn chưa đến giờ soát vé ạ?

▶ 2번 입구로 들어가십시오.

씬 머이 바오 끄어 쏘 하이

Xin mời vào cửa số hai.

▼ 도중에 내려도 됩니까?

쑤엉 즈어 증 꼬 드억 코옹

Xuống giữa chừng có được không?

▼ 다음 역은 어디입니까?

가 사우 을라 어 더우

Ga sau là ở đâu?

▼ 식당차는 몇 시에 문을 엽니까?

또아 푸욱 부 안 우엉 메이 저 머 끄어

Toa phục vụ ăn uống mấy giờ mở cửa?

▼ 기차표를 잃어버렸습니다.

또이 머읃 배 따우 조이

Tôi mất vé tàu rồi.

▼ 언제 냐아 짜앙에 도착합니까?

키 나오 덴 냐아 짜앙

Khi nào đến Nha Trang?

▶ 내일 오후 2시에 도착합니다.

덴 바오 을룩 하이 저 찌에우 응아이 마이

Đến vào lúc hai giờ chiều ngày mai.

도움이 되는 **활용 어휘**

길	đường 드엉
고속도로	đường cao tốc 드엉 까오 똑
큰 길	đường lớn 드엉 을런
골목길	ngõ 응오
일방통행도로	đường một chiều 드엉 몯 찌에우
사거리	ngã tư 응아 뜨
인도	đường cho người đi bộ 드엉 조 응어이 디 보
건널목	chỗ giao nhau 쪼 자오 냐우
지하도	đường ngầm 드엉 응엄
신호등	đèn giao thông 댄 짜오 통
육교	cầu vượt 꺼우 브얻
입구	lối vào 을로이 바오
출구	lối ra 을로이 자
교통지도	bản đồ giao thông 반 도 짜오 통
시내지도	bản đồ thành phố 반 도 타잉 포

길묻기

동	đông	동
서	tây	떠이
남	nam	남
북	bắc	빡
앞	trước	쯔억
뒤	sau	사우
옆	bên cạnh	벤 까잉
오른쪽	bên phải	벤 파이
왼쪽	bên trái	벤 짜이
타다	lên	을렌
내리다	xuống	쑤엉
갈아타다	chuyển	쭈엔
버스정류장	bến xe buýt	벤 쌔 부읻
기차역	ga tàu hỏa	가 따우 화
공항	sân bay	써은 바애

도움이 되는 **활용 어휘**

버스	xe buýt 쌔 부읻
운임	tiền vận chuyển 띠엔 버은 쭈엔
시내버스	xe buýt loại nhỏ 쌔 부읻 을롸이 녀오
시외버스	xe buýt đường trường 쌔 부읻 드엉 쯔엉
관광버스	xe buýt du lịch 쌔 부읻 주 을릭
버스정류장	bến xe buýt 벤 쌔 부읻
주차장	bãi đỗ xe 빠이 도오 쌔
버스안내원	phụ xe 푸 쌔
운전기사	lái xe 을라이 쌔
택시	tắc xi 딱 시
택시 타는 곳	điểm đỗ tắc xi 디엠 도오 딱 시
택시운전사	lái xe tắc xi 을라이 쌔 딱 시
우회전하다	rẽ phải 재 파이
좌회전하다	rẽ trái 재 짜이
서다, 멈추다	dừng lại 증 을라이

버스 · 택시 · 자전거

오토바이	xe máy 쌔 마애
자전거	xe đạp 쌔 답
씨클로	xích lô 씩 을로
쌔옴	xe ôm 쌔 옴
요금	tiền trả 띠엔 짜아
하루	một ngày 몯 응아잉
반나절	một phần tư ngày 몯 퍼은 뜨 응아이
	một buổi 몯 붜이
1시간	một tiếng 몯 띠엥
보증금	tiền đặt cọc 띠엔 닫 꼭
시간표	bảng thời gian (chạy) 방 터이 잔 (짜애)
거스름돈	tiền thừa 띠엔 트어
팁	tiền boa 띠엔 빠
~에서	từ ~ 드
~까지	đến ~ 덴

도움이 되는 **활용 어휘**

기차	tàu hỏa 따우 화
기차역	ga tàu hỏa 가 따우 화
기차표	vé tàu hỏa 배 따우 화
외국인	người nước ngoài 응어이 느억 응와이
베트남인	người Việt Nam 응어이 비엘 남
어른	người lớn 응어이 을런
어린이	trẻ con 째 꼰
차장	trưởng tàu 즈엉 따우
표 파는 곳	nơi bán vé 너이 빤 배
대합실	phòng chờ 포옹 저
플랫폼	sân ga 써은 가
개찰구	cửa soát vé 끄어 소앋 배
예매	đặt trước 닫 쯔억
왕복표	vé khứ hồi 배 크 호이
편도표	vé một chiều 배 몯 찌에우
특급	đặc biệt 닥 비엘

기차

급행열차	tàu nhanh 따우 냐잉
완행열차	tàu chậm 따우 쩜
야간열차	tàu đêm 따우 뎀
식당차	toa phục vụ ăn uống 또아 푸욱 부 안 우엉
침대차 부드러운 침대	giường mềm 즈엉 멤
침대차 딱딱한 침대	giường cứng 즈엉 끄응
좌석차 부드러운 좌석	ghế mềm 게 멤
좌석차 딱딱한 좌석	ghế cứng 게 끄응
금연석	chỗ cấm hút thuốc 쪼 껌 훋 퉉
흡연석	chỗ được hút thuốc 쪼 드억 훋 퉉
지정좌석	chỗ ngồi đúng vé 쪼 응오이 둥 배
좌석넘버	số ghế 쏘 게
출발역	ga khởi hành 가 커이 하잉
종착역	ga cuối cùng 가 꾸어이 궁
첫 차	chuyến đầu tiên 쭈엔 더우 띠엔
막 차	chuyến cuối cùng 쭈엔 꾸어이 궁

여관 nhà trọ 냐 쪼 나 게스트하우스 nhà khách 냐 카익 등의 일반 숙박 시설을 제외한 호텔의 등급은 별(★)로 표시되며 별 1개에서 최고급의 별 5개가 있다. 시설은 TV, 에어컨, 샤워시설, 화장실 등은 기본적으로 구비되어 있으며 급이 낮을수록 간혹 없는 경우도 있다.

호텔 khách sạn

- khách sạn 5 sao 카익 싼 남 싸오 **고급 호텔** (별5개)

호텔은 별4~5개의 고급호텔이라 해도 시설은 각각 다르다. 같은 고급 호텔이지만 인기가 있는 특급호텔(별5개)은 방값이 비싸고 시설도 훨씬 고급스럽다.

- khách sạn 2 (3) sao 카익 싼 하이 (바) 싸오 **중급 호텔**

각각의 도시에서 중급호텔들을 많이 볼 수 있다. 물론 방값이 고급호텔보다 덜 비싸고 호텔의 규모도 그다지 크지 않지만 시설이 웬만큼 깨끗하고 편리하다.

• khách sạn mini 카익 싼 미니 소형 호텔

개인이 운영하는 호텔인데 가격이 싸지만 소형 호텔이라서 방도 많지 않고 공간도 조금 작은 편이다. 식사를 제공해 주는 소형호텔도 있기는 하지만 점심, 저녁은 나가서 먹는 것이 좋다.

기타 숙박시설

• nhà khách 냐 카익 게스트하우스

nhà khách 냐 카익은 정부의 영빈관이라는 뜻도 있지만 일반적으로 고급 하숙이라는 것을 가리킨다. 호텔보다 시설이 고급스럽지 않지만 nhà nghỉ, nhà trọ보다 충분히 깨끗하고 편리하다. 서비스도 호텔만큼 하지 않지만 주로 저렴하게 여행하는 관광객이나 수학여행, 또는 배낭여행객을 위한 곳이다.

• nhà nghỉ 냐 응이, nhà trọ 냐 쪼 여관

여관이라는 뜻으로 잠만 자는 사람을 위한 곳이다. 침대, 이불, 베개, 텔레비전 등이 설치되어 있지만 (이와 같은 시설이 없는 곳도 있다), 서비스도 없고 식사는 제공되지 않는다.

숙박

호텔에는 món Âu 몬 어우 양식, món Á 몬 아 중식 일식과 같은 아시아식, 그리고 뷔페 식당이 있으며 대회의실, 야외수영장, 사우나 등 여러 가지 시설이 있다.

자주 쓰이는 표현 _ 1

■ 어떤 방을 원하십니까?

옹 (아잉, 찌) 무언 올롸이 포옹 나오

Ông (anh, chị) muốn loại phòng nào?

···▶ 조금 싼 방을 원합니다.

또이 무언 포옹 자 재 몯 쭏

Tôi muốn phòng giá rẻ một chút.

바꿔 말하기

• 조금 큰	hơi lớn một chút	허이 을런 몯 쭏
• 조용한	yên tĩnh	이엔 띵
• 욕조가 있는	có bồn tắm	꼬 본 땀
• 테라스가 있는	có sân	꼬 써은

호텔은 베트남어로 khách sạn 카익 싼 이라고 한다. 호텔의 수준을 이야기 하려면 그 뒤에 별의 등급을 붙여 말한다. 체크인 시 호텔 프론트에 여권을 제출한다.

자주 쓰이는 표현 _ 2

체크인
시설 이용
룸 서비스
체크 아웃
숙박

■ 얼마나 묵으실 겁니까?

옹 (아잉, 찌) 딩 어 을라이 바오 을러우

Ông (anh, chị) định ở lại bao lâu?

···▸ 하루입니다.

또이 띵 어 을라이 몯 응아잉

Tôi định ở lại một ngày.

바꿔 말하기

- 2일 ba ngày 바 응아이
- 3일 ba ngày 바 응아이
- 4일 bốn ngày 뽄 응아이
- 일주일 một tuần 몯 뚜언

유용한 표현

▼ 방을 예약하려고 합니다.

또이 무언 닫 포옹
Tôi muốn đặt phòng.

▶ 싱글룸을 원하십니까, 더블룸을 원하십니까?

옹 (아잉, 찌) 무언 포옹 던 하이 포옹 도이
Ông (anh, chị) muốn phòng đơn hay phòng đôi?

▼ 싱글룸으로 주세요.

조 또이 포옹 던
Cho tôi phòng đơn.

▼ 하루에 얼마입니까?

몯 응아이 빠오 녀에우 띠엔 아
Một ngày bao nhiêu tiền ạ?

▶ 며칠 묵으실 겁니까?

옹 (아잉, 찌) 어 을라이 바오 을러우
Ông (anh, chị) ở lại bao lâu?

▼ 3일 정도 묵을 겁니다.

또이 딩 어 을라이 코앙 바 응아이
Tôi định ở lại khoảng ba ngày.

▼ 아침식사가 포함되어 있습니까?

꼬 바오 곰 가 쁘어 싸앙 코옹
Có bao gồm cả bữa sáng không?

▶ 숙박카드를 작성해 주십시오.

씬 하애 카이 바오 피에우 땀 쭈
Xin hãy khai vào phiếu tạm trú.

▼ 제 방이 몇 호입니까?

포옹 꾸어 또이 쏘 메이
Phòng của tôi số mấy?

▼ 방을 바꿔 주세요.

도이 포옹 칵 조 또이
Đổi phòng khác cho tôi.

숙박

호텔의 시설은 TV, 에어컨, 샤워 시설, 화장실 등은 기본적으로 설비되어 있으나 급이 낮은 호텔일수록 간혹 없는 경우도 있다.

자주 쓰이는 표현 _ 1

■ 식당이 어디입니까?

냐 안 어 더우 아

Nhà ăn ở đâu ạ?

···▸ 쭉 가다가 오른쪽으로 도십시오.

디 탕 조이 재 벤 파이 아

Đi thẳng rồi rẽ bên phải ạ.

바꿔 말하기

• 엘리베이터	cầu thang máy	꺼우 타앙 마애
• 공예품 매점	gian hàng mỹ nghệ	잔 항 미이 응에
• 사우나	nhà tắm hơi	냐 땀 허이
• 수영장	bể bơi	베 버이

베트남 고급 호텔의 로비에는 공예품 매점이 있다. 여기서 각종 베트남 회화, 동상, 도자기, 칠기, 자수 등 여러 가지 공예품 및 기념품을 살 수 있다.

자주 쓰이는 표현 _ 2

■ 필요하신 것이 있습니까?

옹 (아잉, 찌) 꼬 거은 지 코옹 아

Ông (anh, chị) có cần gì không ạ?

…▸ 저 동상을 보여 주십시오.

조 또이 쌤 뻑 뜨엉 끼어

Cho tôi xem bức tượng kia.

바꿔 말하기

• 자수 식탁보	khăn thêu trải bàn	칸 테우 짜이 반
• 엽서	bưu thiếp	브우 티엡
• 그림	bức tranh	뻑 짜잉
• 그릇	cái bát	까이 빧

유용한 표현

▼ 여기 사우나가 있습니까?

어 데이 꼬 냐 땀 허이 코옹

Ở đây có nhà tắm hơi không?

▶ 예, 지하에 있습니다.

꼬 , 어 떵 즈어이 궁 아

Có, ở tầng dưới cùng ạ.

▼ 몇 시에 문을 엽니까?

메이 저 티 머 끄어

Mấy giờ thì mở cửa?

▶ 아침 6시에 엽니다.

머 끄어 바오 싸우 저 싸앙

Mở cửa vào sáu giờ sáng.

▼ 여기서 기차표를 예매할 수 있습니까?

꼬 테 닫 배 따우 화 어 데이 코옹

Có thể đặt vé tàu hỏa ở đây không?

▼ 옷 몇 벌을 세탁하고 싶습니다.

또이 무언 잘 메이 뽀 꾸언 아오
Tôi muốn giặt mấy bộ quần áo.

▶ 언제 필요하십니까?

바오 저 티 옹 (아잉, 찌) 거은 아
Bao giờ thì ông (anh, chị) cần ạ?

▼ 내일아침 7시까지 세탁해 주세요.

잘 줍 덴 베이 저 싸앙 마이 또이 을레이
Giặt giúp đến bảy giờ sáng mai tôi lấy.

▼ 얼음을 구하고 싶습니다.

또이 거은 다 을라잉
Tôi cần đá lạnh.

▼ 인터넷이 가능한 비즈니스센터가 있습니까?

꼬 쪼 을람 비엑 쓰 중 드억 인터넽 코옹
Có chỗ làm việc sử dụng được internet không?

숙박

베트남에서는 대부분 아침 7시30분~8시가 출근시간이므로 시간에 맞춰 룸서비스나 호텔식당 또는 길가나 주변의 식당에서 아침식사를 할 수도 있다.

자주 쓰이는 표현 _ 1

■ 룸서비스입니다.

푸욱 부 포옹 데이 아

Phục vụ phòng đây ạ.

···▸ 볶음밥을 주십시오.

조 또이 껌 자앙

Cho tôi cơm rang.

바꿔 말하기

• 닭죽	cháo gà	짜오 가
• 계란 후라이	trứng rán	쯩 잔
• 정식	món ăn theo suất	몬 안 태오 쑤얻
• 토스트	bánh mỳ nướng	빠잉 미 느엉

자주 쓰이는 표현 _ 2

■ 음료는 무엇을 마시겠습니까?

옹 (아잉, 찌) 우엉 지

Ông (anh, chị) uống gì?

···▶ 커피를 마시겠습니다.

또이 무언 우엉 가 페

Tôi muốn uống cà phê.

바꿔 말하기

• 우유	sữa	쓰어
• 과일쥬스	nước hoa quả	느억 화 꽈
• 베트남차	trà	자
• 콜라	cô ca cô la	고 가 고 올라

유용한 표현

▸ 룸서비스입니다. 무엇을 도와드릴까요?

푸욱 부 포옹 데이 아. 옹 (아잉, 찌) 거은 지 아

Phục vụ phòng đây ạ. ông (anh, chị) cần gì ạ?

▾ 제 방으로 아침식사를 부탁드립니다.

조 또이 쁘어 안 싸앙 을렌 포옹 꾸어 또이

Cho tôi bữa ăn sáng lên phòng của tôi.

▾ 아침 6시에 모닝콜을 부탁드립니다.

을람 언 다잉 특 또이 저이 바오 싸우 저 싸앙

Làm ơn đánh thức tôi dậy vào sáu giờ sáng.

▾ 열쇠를 방에 두었습니다.

또이 데 찌어 콰 쪼옹 포옹

Tôi để chìa khóa trong phòng.

▾ 뜨거운 물이 안 나옵니다.

코옹 꼬 느억 농

Không có nước nóng.

TV가 나오지 않습니다.

띠 비 코옹 을렌

Ti vi không lên.

청소해 주십시오.

씬 하애 존 잽 포옹 조 또이

Xin hãy dọn dẹp phòng cho tôi.

316호 입니다.

포옹 바 짬 므어이 싸우

Phòng ba trăm mười sáu.

얼마나 걸립니까?

머은 바오 을로우 아

Mất bao lâu ạ?

맥주를 가져다주세요.

댐 조 또이 비어

Đem cho tôi bia.

숙박

체크아웃은 보통 12시까지 해야 한다. 아직 출발 시간이 안 되면 리셉션 직원과 상의해서 연장 가능할 수도 있다.

자주 쓰이는 표현 _ 1

■ 언제 체크아웃하시겠습니까?

키 나오 쌔 짹 아우 아

Khi nào sẽ check-out ạ?

…▶ 10시에 체크아웃하겠습니다.

또이 쌔 짹 아우 을룩 므어이 저

Tôi sẽ check-out lúc mười giờ.

바꿔 말하기

- 오늘 오후 chiều hôm nay 찌에우 홈 나애
- 내일 아침 sáng ngày mai 싸앙 응아이 마이
- 하루 일찍 sớm một ngày 썸 몯 응아이
- 하루 늦게 muộn một ngày 무언 몯 응아이

체크아웃시 미니바 mini-bar 를 이용했거나 국제전화 또는 국내전화를 사용했으면 지불한다. 그리고 여권을 프론트에 맡겼을 경우 돌려받아야 한다.

자주 쓰이는 표현 _ 2

■ 신용카드로 지불해도 됩니까?

또이 타잉 또안 방 태 띤 중 꼬 드억 코옹

Tôi thanh toán bằng thẻ tín dụng có được không?

…▶ 예.

드억 아

Được ạ.

바꿔 말하기

• 달러	đô la Mỹ	도 을라 미이
• 여행자 수표	séc du lịch	쌕 주 을릭
• 원화	tiền won Hàn Quốc	띠엔 원 하안 꾸억

유용한 표현

▼ 체크아웃하려고 합니다.

또이 무언 짹 아우 (짜아 포옹)

Tôi muốn check out (trả phòng).

▼ 체크아웃은 몇 시까지입니까?

메이 저 파이 짹 아우 (짜아 포옹)

Mấy giờ phải check out (trả phòng)?

▶ 12시까지입니다.

므어이하이 저 아

12 giờ ạ.

▼ 영수증을 주십시오.

조 또이 화 던

Cho tôi hóa đơn.

▼ 택시를 불러 주십시오.

고이 딱 시 조 또이

Gọi tắc xi cho tôi.

▾ 이 짐을 12시까지 보관해 주십시오.

즈 줍 하잉 을리 나이 조 또이 덴 므어이 하이 저

Giữ giúp hành lý này cho tôi đến mười hai giờ.

▾ 이것은 무슨 비용입니까?

데이 을라 코안 띠엔 지

Đây là khoản tiền gì?

▾ 계산을 해주십시오.

띵 띠엔 조 또이

Tính tiền cho tôi.

▾ 방에 물건을 두고 나왔습니다.

옹 (아잉, 찌) 데 꾸엔 도 쩬 포옹

Ông (anh, chị) để quên đồ trên phòng.

▾ 하루 더 묵을 수 있습니까?

꼬 테 어 을라이 템 몯 응아이 느어 코옹

Có thể ở lại thêm một ngày nữa không?

도움이 되는 **활용 어휘**

체크인	check in (nhận phòng) 짹 인 (녀은 포옹)
예약	đặt trước 닫 쯔억
예약확인	kiểm tra đặt trước 끼엠 짜 닫 쯔억
호텔	khách sạn 카익 싼
방	phòng 포옹
욕실	nhà tắm 냐 땀
침실	phòng ngủ 포옹 응우
안내	hướng dẫn 흐엉 전
프론트	quầy lễ tân 궈이 올레 떠은
서비스 직원	nhân viên phục vụ 녀언 비엔 푸욱 부
지배인	người quản lý 응어이 꽌 을리
책임자	người có trách nhiệm 응어이 꼬 짜익 녀임
싱글룸	phòng đơn 포옹 던
트윈룸	phòng đôi (hai giường) 포옹 도이(하이 즈엉)
더블룸	phòng đôi (một giường) 포옹 도이(몯 즈엉)

체크인

단체 여행객	khách du lịch theo đoàn	카익 주 을릭 태오 도안
성	họ	호
이름	tên	뗀
국적	quốc tịch	꾸억 띡
직업	nghề nghiệp	응에 응엽
여권번호	số hộ chiếu	쏘 호 찌에우
서명	ký tên	끼 뗀
주소	địa chỉ	디어 찌
전화번호	số điện thoại	쏘 디엔 톼이
날짜	ngày	응아이
숙박카드	sổ ghi tên khách	쏘 기 뗀 카익
할인	hạ giá	하 자
열쇠	chìa khóa	찌에 콰
카드키	khóa thẻ từ	콰 태 드
짐 나르는 사람	nhân viên vận chuyển hành lý	녀언 비엔 버은 쭈엔 하잉 을리

도움이 되는 **활용 어휘**

헬스클럽	câu lạc bộ tập thể hình 꺼우 을락 보 떱 테 힝
엘리베이터	cầu thang máy 꺼우 타앙 마애
커피숍	phòng trà, quầy cà phê 포옹 자, 궈이 가 페
가라오케	ka ra ô kê 가 자 오 케
술집 bar	bar, quán rượu 바, 꾸안 즈어우
나이트클럽	hộp đêm (night club) 홉 뎀 (나이 클럽)
상점	cửa hàng kinh doanh 끄어 항 낑 좌잉
팩스	fax 팩스
인터넷	internet 인터넬
비즈니스센터	trung tâm thương mại 쭝 떰 트엉 마이
e-mail	e-mail 이멜
물품보관소	nơi trông giữ đồ 너이 쫑 즈 도
수영장	bể bơi 베 버이
스낵바	quán rượu nhỏ 꾸안 즈어우 녀오 (스낵바)
은행	ngân hàng 응언 항

마사지숍	hiệu mát xa 히에우 맏 사
세탁소	hiệu giặt là 히에우 짣 을라
물세탁	giặt ướt 짣 으얻
드라이 크리닝	giặt khô 짣 코
바지	quần 꾸언
치마	váy 빠이
털옷	áo lông 아오 을롱
속옷	áo lót 아오 을롣
실크	lụa 을뤄
단추	khuy 퀴
이발	cắt tóc 깓 똑
드라이	sấy tóc 쎄이 똑
면도	cạo râu 까오 저우
파마	uốn tóc 원 똑

도움이 되는 활용 어휘

룸서비스	phục vụ phòng 푸욱 부 포옹
객실	phòng khách 포옹 카익
전화	điện thoại 디엔 타이
모닝콜	dịch vụ báo thức 직 부 바오 특
아침식사	bữa sáng 쁘어 싸앙
얼음	đá 다
물	nước 느억
수건	khăn 칸
비누	xà phòng 사 포옹
샴푸	dầu gội đầu 저우 고이 더우
린스	dầu xả 저우 싸
칫솔	bàn chải đánh răng 반 짜이 다잉 장
치약	thuốc đánh răng 퇵 다잉 장
재떨이	gạt tàn 갇 딴
컵	cốc 꼭
침대보	khăn trải giường 칸 짜이 즈엉

룸서비스 · 체크아웃

텔레비전	ti vi 띠 비
드라이어	máy sấy 마애 쎄이
휴지	giấy lau, giấy vệ sinh 제이 을라우, 제이 베 싱
체크아웃	check out (trả phòng) 짹 아우 (짜아 포옹)
계산	tính tiền 띵 띠엔
숙박비	tiền ở, tiền trọ 띠엔 어, 띠엔 쪼
팁	tiền boa 띠엔 뽜
서비스요금	tiền phục vụ 띠엔 푸욱 부
합계	tổng cộng 또옹 꽁
전화요금	tiền điện thoại 띠엔 디엔 톼이
신용카드	thẻ tín dụng 태 띤 중
여행자수표	séch du lịch 쌕 주 을릭
수표	ngân phiếu 응언 피에우
한화 한국돈	tiền Hàn Quốc 띠엔 하안 꾸억
달러	đô la Mỹ 도 을라 미이

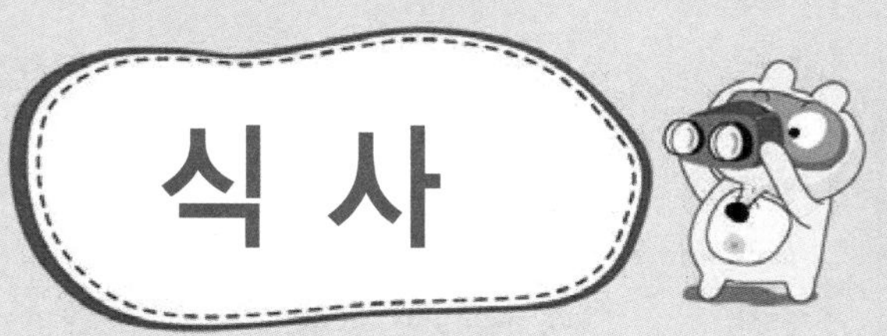

식 사

가정식은 일반적으로 밥과 고기 조림 또는 생선 튀김과 국물, 탕 등이 들어있다. 특히 남북으로 긴 베트남의 특성상 북부지방, 중부지방, 남부지방의 요리로 구분할 수 있으며, 한 지역 안에서도 계절에 따라 여러 가지 종류의 음식이 있다.

북부지방 요리

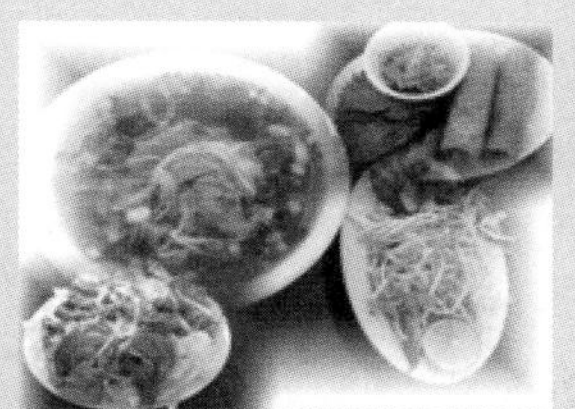

다른 지역보다 맛이 그다지 달고 맵지는 않지만 약간 짠 편이다. 수도인 하노이는 북부지방의 중심으로 재료를 많이 사용하고 보기 좋게 장식하는 특징이 있다. 대표적인 것은 각종 고기, 쌀가루나 국수, 야채 등을 이용하여 만들어진 **phở bò** 퍼 보 쇠고기 쌀국수, **phở gà** 퍼 가 닭고기 쌀국수, **nem rán** 냄 잔 라이스페이퍼에 고기, 야채를 넣어 말아 기름에 튀겨 먹는 음식 등이다.

중부지방 요리

북부 및 남부 지방 보다 맛이 더 맵고 여러 재료를 이용하여 음식의 색깔이 화려하다. 특히, 밀가루와 고기를 재료로 만들어지는 각종 음식은 인기가 있다. 대표적인 것은 bánh xèo 빠잉 쌔오 파전 과 비슷한 요리, bún bò giò heo 뿐 보 조 해오 족발 국수 와 같은 요리, bánh bèo 빠잉 배오 쌀가루, 새우 등으로 만든 Huế훼에 시의 향토요리 등이다.

남부지방 요리

남부지방 요리는 프랑스, 캄보디아, 태국 등의 영향을 받아 맛이 약간 달고 코코넛 기름을 많이 이용하는 편이다. 요리로는 bún bò nam bộ 뿐 보 남 보 남부지방의 쇠고기 쌀국수, chả giò 짜 조 남부지방 튀김만두, hủ tiếu 후 띠에우 남부지방 국수 등이다.

패스트푸드 · 길거리 음식점

맥도널드나 KFC 같은 패스트푸드점은 대도시에만 있으며, 프랑스의 영향으로 토스트 및 각종 빵, 커피 등도 즐겨 먹는다. 또한 길거리 음식점에서는 간단한 국수류나 찹쌀밥 등을 팔며, 가격도 싼 편이다.

식사

오랫동안 중국과 프랑스의 식민 지배를 받은 베트남은 여러 가지 음식문화가 섞여 있는 나라이다.

자주 쓰이는 표현 _ 1

■ 모두 몇 분이시죠?

꼬 떧 가 빠오 녀에우 응어이

Có tất cả bao nhiêu người?

···▶ 3명입니다.

바 응어이

Ba người.

바꿔 말하기

- 1명 một người 몯 응어이
- 2명 hai người 하이 응어이
- 3명 ba người 바 응어이
- 4명 bốn người 뽄 응어이

베트남 음식은 야채 및 천연채소를 많이 사용한다. 음식에 들어가는 향채를 못 먹으면 음식 주문할 때, 빼 달라고 하면 된다.

자주 쓰이는 표현 _ 2

■ 주문을 하시겠습니까?

옹 (아잉, 찌) 고이 몬 안 지

Ông (anh, chị) gọi món ăn gì?

···▶ 먼저 메뉴를 주십시오.

조 또이 특 던 쯔억

Cho tôi thực đơn trước.

바꿔 말하기

• 수프	xúp	쑵
• 샐러드	xa lát	사 을랕
• 제일 잘 하는 요리	món ngon nhất của nhà hàng	몬 응온 녀얻 꾸어 냐 항
• 냄 잔 (튀김 만두)	nem rán	냄 잔

식사

자주 쓰이는 표현 _ 3

···▸1 향채를 먹을 수 없어요.

또이 코옹 안 드억 자우 텀

Tôi không ăn được rau thơm.

···▸2 향채를 빼 주십시오.

보 자우 텀 자 조 또이

Bỏ rau thơm ra cho tôi.

바꿔 말하기

• 파	hành	하잉	• 조미료	mì chính	미 찡
• 양파	hành tây	하잉 떠이	• 후추	hạt tiêu	할 띠에우

자주 쓰이는 표현 _ 4

■ 더 주문하실 것이 있습니까?

옹 (아잉, 찌) 꼬 고이 지 느어 코옹 아

Ông (anh, chị) có gọi gì nữa không ạ?

···▶ 특별한 요리가 있습니까?

꼬 몬 지 닥 비엘 코옹

Có món gì đặc biệt không?

바꿔 말하기

• 향토요리	món ăn đặc sản	몬 안 닥 산
• 해산물요리	món hải sản	몬 하이 산
• 야채요리	món rau	몬 자우
• 가정식요리	món ăn kiểu gia đình	몬 안 끼에우 자 딩

유용한 표현

▼ 여기요, 주문하겠습니다.

조 또이 고이 몬 안

Cho tôi gọi món ăn.

▼ 여기서 가장 잘 하는 음식이 무엇입니까?

몬 응온 녀얻 어 데이 을라 몬 지

Món ngon nhất ở đây là món gì?

▶ 냄 잔 튀김만두 를 잘 합니다.

응온 녀얻 을라 몬 냄 잔

Ngon nhất là món nem rán.

▼ 물 한 잔 주세요.

조 또이 몯 꼭 느억

Cho tôi một cốc nước.

▼ 메뉴판을 보여주십시오.

조 또이 쌤 메 누

Cho tôi xem menu.

▼ 한국사람 입맛에 맞는 음식이 있습니까?

꼬 몬 나오 헙 버이 커우 비 응어이 하안 꾸억 코옹
Có món nào hợp với khẩu vị người Hàn Quốc không?

▼ 이 음식은 어떻게 먹습니까?

몬 나이 안 테 나오
Món này ăn thế nào?

▼ 취소시켜도 됩니까?

후이 고이 몬 안 꼬 드억 코옹
Hủy gọi món ăn có được không?

▼ 음료수는 무엇이 있습니까?

중 도 우엉 지
Dùng đồ uống gì?

▼ 옆 테이블과 같은 것을 주십시오.

조 또이 종 반 벤 까잉
Cho tôi giống bàn bên cạnh.

식사

롯데리아Lotteria, 치킨타운Chicken Town, 졸리비Jollibee, KFC, 피자헛 등이 베트남인들이 즐겨 찾는 패스트푸드점이다.

자주 쓰이는 표현 _ 1

■ 어서 오세요. 주문하십시오.

씬 머이 바오 옹 (아잉, 찌) 고이 몬 지

Xin mời vào. Ông (anh, chị) gọi món gì?

···▶ 햄버거 하나와 콜라 한 잔 주세요.

조 또이 몯 함 버 거 바 몯 짜이 고 가 고 을라

Cho tôi một hăm bơ gơ và một chai cô ca cô la.

바꿔 말하기

- 샌드위치 sen uích 쌘 위즈
- 치즈버거 bơ gơ pho mát 버 거 포 맏
- 치킨 thịt gà 틷 가
- 감자튀김 khoai tây rán 콰이 떠이 잔

우리나라처럼 주문을 하고 나면 포장할 것인지, 먹고 갈 것인지 물어온다. 포장할 것이면 **gói đem đi** 고이 댐 디, 먹고 갈 것이면 **ăn tại chỗ** 안 따이 쪼라고 한다.

자주 쓰이는 표현 _ 2

■ 그 밖에 더 필요하신 것이 있습니까?

곤 지 거은 템 느어 코옹 아

Còn gì cần thêm nữa không ạ?

···▸ 토마토케첩을 좀 주세요.

조 또이 느억 쏱 가 쭈어

Cho tôi nước xốt cà chua.

바꿔 말하기

- 냅킨 khăn ăn 칸 안
- 버터 bơ 버
- 잼 mứt 믇
- 얼음 đá 다

유용한 표현

▼ 샌드위치와 커피 한 잔 주십시오.

조 또이 빠잉 쌘 위즈 바 몯 꼭 가 페

Cho tôi bánh sen-uích và một cốc cà phê.

▶ 여기서 드시겠습니까, 아니면 가져가시겠습니까?

옹 (아잉, 찌) 안 어 데이 하이 망 디

Ông (anh, chị) ăn ở đây hay mang đi?

▼ 가져가겠습니다.

또이 망 디

Tôi mang đi.

▼ 여기서 먹을 겁니다.

또이 안 어 데이

Tôi ăn ở đây.

▼ 이 자리에 앉아도 됩니까?

응오이 어 데이 꼬 드억 코옹

Ngồi ở đây có được không?

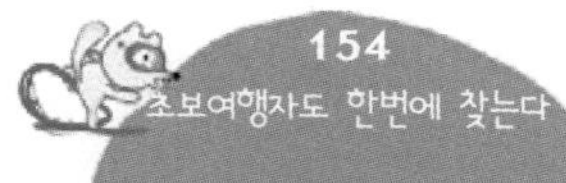

▼ 실례지만, 빨대가 어디에 있습니까?

씬 을로이, 꼬 까이 옹 묻 코옹
Xin lỗi, có cái ống mút không?

▼ 냅킨을 좀 더 주십시오.

조 또이 템 까이 칸 안 느어
Cho tôi thêm cái khăn ăn nữa.

▼ 2층에 좌석이 있습니까?

쩬 떵 하이 꼬 쪼 코옹
Trên tầng hai có chỗ không?

▼ 물티슈 있습니까?

꼬 제이 안 으얻 코옹
Có giấy ăn ướt không?

▼ 콜라 리필이 가능합니까?

고 가 고 을라 꼬 조 템 미엔 피 코옹
Cô ca cô la có cho thêm miễn phí không?

주문

패스트 푸드점

계산

식사

식사

주문은 식단제 gọi theo thực đơn 고이 태오 트윽 던이며 계산 시 다시 한 번 주문된 음식과 계산서에 기재된 사항 및 가격을 확인한다.

자주 쓰이는 표현 _ 1

■ 카드로 계산해도 됩니까?

띵 띠엔 방 태 꼬 드억 코옹

Tính tiền bằng thẻ có được không?

···▶ 물론입니다.

떧 녀엔 드억 아

Tất nhiên được ạ.

바꿔 말하기

• 달러	đô la	도 을라
• 한화	tiền Hàn Quốc	띠엔 하안 꾸억
• 신용카드	thẻ tín dụng	태 띤 중
• 여행자수표	séc du lịch	쌕 주 을릭

베트남 일반 음식점에는 메뉴에 적혀 있는 값은 부가가치세과 봉사료가 포함되어 있어 팁을 별도로 지불하지 않아도 된다.

자주 쓰이는 표현 _ 2

■ 무엇이 포함된 가격입니까?

자 나이 바오 곰 녀응 지

Giá này bao gồm những gì?

···▸ 세금 포함입니다.

바오 곰 까 띠엔 투에

Bao gồm cả tiền thuế.

바꿔 말하기

- 서비스료 tiền phục vụ 띠엔 푸욱 부
- 팁 tiền boa 띠엔 뽜
- 음료수값 tiền đồ uống 띠엔 도 우엉

유용한 표현

▼ 계산서 좀 갖다 주십시오.

드어 조 또이 피에우 타잉 또안

Đưa cho tôi phiếu thanh toán.

▼ 전부 얼마입니까?

떳 가 자 빠오 녀에우

Tất cả giá bao nhiêu?

▼ 이것은 하나에 얼마입니까?

까이 나이 빠오 녀에우 몯 까이

Cái này bao nhiêu một cái?

▼ 신용카드로 계산해도 됩니까?

타잉 또안 방 태 띤 중 꼬 드억 코옹

Thanh toán bằng thẻ tín dụng có được không?

▼ 계산서를 볼 수 있겠습니까?

조 또이 쌤 피에우 타잉 또안 꼬 드억 코옹

Cho tôi xem phiếu thanh toán có được không?

▼ 영수증을 주십시오.

조 또이 화 던
Cho tôi hóa đơn.

▼ 계산서가 약간 잘못된 것 같군요.

힝 녀으 피에우 타잉 또안 띵 싸이
Hình như phiếu thanh toán tính sai.

▼ 이 음식은 취소했는데요.

몬 안 나이 또이 다아 바오 후이
Món ăn này tôi đã báo hủy.

▼ 이 음식은 시킨 적이 없습니다.

또이 코옹 고이 몬 안 나이
Tôi không gọi món ăn này.

▼ 거스름돈이 틀립니다.

띠엔 트어 띵 싸이 조이
Tiền thừa tính sai rồi.

도움이 되는 **활용 어휘**

베트남요리	món ăn Việt Nam 몬 안 비엘 남
서양요리	món ăn phương Tây 몬 안 프엉 떠이
한국요리	món ăn Hàn Quốc 몬 안 하안 꾸억
해산물	đồ hải sản 도 하이 산
해산물뷔페요리	món buffet (búp-phê) hải sản 몬 붑페 하이 산
음식점	tiệm ăn 띠엠 안
아침식사	bữa sáng 쁘어 싸앙
점심식사	bưa trưa 쁘어 쯔어
저녁식사	bữa tối 쁘어 또이
물수건	khăn ướt 칸 으엍
냅킨	khăn ăn 칸 안
젓가락	đũa 두어
숟가락	thìa 티어
포크	nĩa, phốc xét 니어, 폭 쌧
칼	dao 자오
컵	cốc 꼭
개인용접시	đĩa ăn riêng 디어 안 지엥

그릇	bát 빳
이쑤시개	tăm 땀
재떨이	gạt tàn 갇 단
라이터	bật lửa 브얻 을르어
메뉴판	bảng mê nu 방 메 누
종업원	người phục vụ 응어이 푸욱 부
여종업원	nữ phục vụ 느으 푸욱 부
계산	tính tiền, thanh toán 띵 띠엔 /타잉 또안
계산서	phiếu thanh toán 피에우 타잉 또안
카운터	quầy thanh toán 궈이 타잉 또안
서비스요금	tiền phục vụ 띠엔 푸욱 부
팁	tiền boa 띠엔 뽜
신용카드	thẻ tín dụng 태 띤 중
현금	tiền mặt 띠엔 맏
거스름돈	tiền thừa 띠엔 트어
영수증	hóa đơn 화 던

도움이 되는 **활용 어휘**

쇠고기 쌀국수	phở bò	퍼 보	
닭고기 쌀국수	phở gà	퍼 가	
파테 pate 빵	bánh mỳ ba-tê	빠잉 미 바떼	고기 반죽 빵
냄 잔	nem rán	냄 잔	만두 튀김과 비슷한 요리
뿐 짜아	bún trả	뿐 짜아	돼지고기 숯불구이 및 국수
빠잉 쌔오	bánh xèo	빠잉 쌔오	파전과 비슷한 훼에의 요리
뿐 보	bún bò nam bộ	뿐 보 남 보	남부지방의 쇠고기 쌀국수
후 띠에우	hủ tiếu	후 띠에우	남부지방 국수
육류	loại thịt	을롸이 틷	
소고기	thịt bò	틷보	
돼지고기	thịt lợn	틷 을런	
닭고기	thịt gà	틷 가	
생선	cá	까	
새우	tôm	똠	
연어	cá hồi	까 호이	
전복	bào ngư	바오 응으	
가재	tôm	똠	
게	cua	꾸어	

당근	cà rốt 가 롣
고추	ớt 얻
양파	hành tây 하잉 떠이
감자	khoai tây 콰이 떠이
옥수수	ngô 응오
야채	rau 자우
오이	dưa chuột 즈어 쭈옫
양배추	bắp cải 밥 까이
과일	hoa quả 화 꽈
망고	soài 쏴이
두리안	sầu riêng 써우 지엥
리치	vải 바이
용안	nhãn 녀안
바나나	chuối 쭈어이
포멜로	bưởi 쁘어이
램부탄	chôm chôm 쫌 쫌
오렌지	cam 까암

도움이 되는 활용 어휘

주문	gọi món ăn 고이 몬 안
햄버거	hăm bơ gơ 함 버 거
피자	pizza 비 자
빵	bánh mỳ 빠잉 미
샌드위치	sen uích 쌘 위즈
핫도그	hot dog 홑 독
샐러드	sa lát 사 을랕
케이크	bánh ngọt 빠잉 응옽
케첩	nước sốt cà chua 느억 쏱 가 쭈어
치즈	pho mát 포 맡
버터	bơ 버
잼	mứt 믇
커피	cà phê 가 페
밀크커피	cà phê sữa 가 페 쓰어
아이스커피	cà phê đá 가 페 다
물	nước 느억

끓인 물	nước sôi 느억 쏘이
술	rượu 즈어우
캔맥주	bia hộp 비어 홉
병맥주	bia chai 비어 짜이
생맥주	bia tươi 비어 뜨어이
베트남차	trà 자
홍차	trà đen 자 댄
쟈스민차	trà nhài 자 냐이
녹차	trà xanh 자 싸잉
콜라	cô ca cô la 고 가 고 을라
사이다	sô đa 쏘 다
쥬스	nước hoa quả 느억 화 꽈
오렌지쥬스	nước cam 느억 까암
망고쥬스	nước soài 느억 쏴이
요구르트	sữa chua 쓰어 쭈어
우유	sữa 쓰어

베트남의 90%는 개인 가게 및 매점들로, 매일 사고파는 활동은 주로 시장에서 이루어진다. 상점은 슈퍼마켓, 백화점, 시장, 전문점 등이 있다. 개방화의 영향으로 외국의 유명 브랜드 제품도 많이 들어와 있다.

슈퍼마켓 siêu thị 씨에우 티

베트남 슈퍼마켓 개념은 한국과는 다르다. siêu thị 씨에우 티 라고 하지만 그 규모가 한국의 마트나 백화점과 같다. 주로 대도시에 있으며 정찰제를 실시하기 때문에 외국인들이 편하게 쇼핑할 수 있다. 직접 상품을 고를 수 있으며 흥정 없이 정가로 살 수 있는 곳이다. 대부분의 상품이 믿을 만하지만 일반 시중에서 살 수 있는 것보다 가격이 조금 비싸다. 현재 Metro 메트로, BigC 빅 세 ... 등과 같은 외국 유통업체가 많이 진출해 있다.

신용카드의 사용이 아직은 일반화되어 있지 않으며 현금만 사용해야 하는 곳이 많다.

백화점 Cửa hàng bách hóa 끄어 항 빠익 화

백화점은 오래 전의 국영상점으로부터 이루어진 것이다. 여러 가지 잡화 물품을 판매하기는 하지만 슈퍼마켓에 비하면 가격이 덜 비싼 편이고 규모도 작고 상품의 종류도 한계가 있어 그다지 인기가 높지 않다.

시장 chợ 쩌

각 지역마다 시장들이 있다. 규모도 작고 큰 것이 있으며 상품의 종류도 생활용품, 식품 등 여러 가지가 있다. 여러 상품들이 섞여 있기 때문에 쇼핑할 때 잘 골라야 하며 뭐든지 깎아야 제 맛이다. 하노이에서는 chợ Đồng Xuân 쩌 동 쑤언, chợ Hôm 쩌 홈이 유명하며, 호치밍에서는 chợ Bến Thành 쩌 벤 타잉, chợ Lớn 쩌 을런 등이 유명하다.

전문점 cửa hàng 끄어 항, 상점 phố mua sắm 포 무어 쌈

하노이 옛날 36거리는 중심지로, 이곳에서 수공예품, 실크, 은제, 칠기, 서화 등 여러 기념품을 살 수 있다. 각 거리별 특색 있는 전문판매점들이 모여 있다.

쇼핑

최근 하노이나 호치밍과 같은 대도시에는 국내외의 투자로 만들어진 슈퍼마켓이나 백화점들이 많이 들어서고 있다.

자주 쓰이는 표현 _ 1

■ 무엇을 원하십니까?

옹 (아잉, 찌) 거은 지 아

Ông (anh, chị) cần gì ạ?

···▸ 그냥 보는 겁니다.

또이 찌 무언 쌤 몯 쭏

Tôi chỉ muốn xem một chút.

바꿔 말하기

- 이것 좀 보여주세요. Cho tôi xem cái này. 조 또이 쌤 까이 나이
- 친구에게 줄 선물을 사고 싶은데요. Tôi muốn mua quà tặng cho bạn. 또이 무언 무어 과 땅 조 빤

대부분의 상점에서 정찰제를 실시하고 있으나 어느 정도의 할인이 가능한 곳도 있다.

자주 쓰이는 표현 _ 2

■ 특산품은 어디에 있습니까?

항 닥 산 꼬 어 더우 아

Hàng đặc sản có ở đâu ạ?

···▸ 저쪽에 있습니다.

어 당 끼어

Ở đằng kia.

백화점
슈퍼마켓

옷
신발

공예품

쇼핑

바꿔 말하기

- 공예품 thủ công mỹ nghệ 투 꽁 미이 응에
- 화장품 mỹ phẩm 미이 펌
- 아오자이 áo dài 아오 자이
- 논 라(전통모자) nón lá 노온 을라

유용한 표현

▼ 3층에는 무엇이 있습니까?

어 떵 바 꼬 까이 지
Ở tầng ba có cái gì?

▶ 여성복이 있습니다.

꼬 꾸언 아오 푸 느으
Có quần áo phụ nữ.

▼ 구두 매장은 몇 층에 있습니까?

저이 빤 어 떵 메이 아
Giầy bán ở tầng mấy ạ?

▼ 꺼내 보여 주시겠습니까?

을레이 자 조 또이 쌤 드억 코옹
Lấy ra cho tôi xem được không?

▼ 엘리베이터는 어디에 있습니까?

꺼우 타앙 마애 어 더우
Cầu thang máy ở đâu?

▼ 너무 비쌉니다.

딷 꽈
Đắt quá.

▼ 조금 싸게 해 주실 수 있습니까?

빤 재 헌 조 또이 몯 쭏
Bán rẻ hơn cho tôi một chút?

▶ 여기서는 깎아드릴 수가 없습니다.

어 데이 코옹 빤 막 가
Ở đây không bán mặc cả.

▼ 나중에 다시 오겠습니다.

사우 나이 또이 을라이 덴
Sau này tôi lại đến.

▼ 다시 생각해 보겠습니다.

데 또이 응이 을라이 쌤 다
Để tôi nghĩ lại xem đã.

쇼핑

한국에 비하면 베트남 물가가 싼 편이며 특히 수공예품은 우리보다 훨씬 저렴한 편이다.

자주 쓰이는 표현 _ 1

■ 무엇을 원하세요?

옹 (아잉, 찌) 거은 지 아

Ông (anh, chị) cần gì ạ?

…▸ <u>바지</u>를 보여 주십시오.

조 또이 쌤 까이 꾸언

Cho tôi xem cái **quần**.

바꿔 말하기

- 치마 váy 바이
- 가죽구두 giày da 저이 자
- 베트남여성전통모자 nón lá 논 라
- 모자 mũ 무우
- 장갑 găng tay 깡 따애
- 실크 옷 áo lụa 아오 올뤄

슈퍼마켓이나 전문점에서 손쉽게 구할 수 있으나 품질을 생각하고 구입해야 하며 할인이 되는 곳도 있으므로 가격을 잘 흥정하도록 한다.

자주 쓰이는 표현 _ 2

■ 다른 색깔을 보여 주세요.

조 또이 쌤 마우 칵

Cho tôi xem màu khác.

···▶ 잠깐만 기다리십시오.

씬 더이 조 몯 쭏

Xin đợi cho một chút.

바꿔 말하기

- 모양 kiểu dáng 끼에우 장
- 회사제품 sản phẩm của công ty 산 펌 꾸어 꽁 띠
- 치수 số đo 쏘 도
- 색깔 màu sắc 마우 싹

유용한 표현

▼ 아오자이베트남 전통 옷을 입어보고 싶습니다.

또이 무언 막 트 아오 자이
Tôi muốn mặc thử áo dài.

▼ 어떤 색깔이 있습니까?

꼬 녀응 마우 지
Có những màu gì?

▼ 입어 봐도 됩니까?

막 트 꼬 드억 코옹
Mặc thử có được không?

▼ 저는 베트남의 치수를 모릅니다.

또이 코옹 삐엗 쏘 도 꾸어 비엗 남
Tôi không biết số đo của Việt Nam.

▼ 조금 더 큰 것으로 주십시오.

조 또이 까이 또 헌 몯 쭏
Cho tôi cái to hơn một chút.

▼ 탈의실이 어디입니까?

포옹 타이 꾸언 아오 어 더우

Phòng thay quần áo ở đâu?

▶ 이 옷은 어떻습니까?

찌엑 아오 나이 테 나오

Chiếc áo này thế nào?

▼ 너무 깁니다. / 너무 짧습니다.

자이 꽈 / 응안 꽈

Dài quá. / ngắn quá.

▼ 아주 예쁩니다.

댑 을람

Đẹp lắm.

▼ 제가 입을 것이 아닙니다.

코옹 파이 무어 조 또이 막

Không phải mua cho tôi mặc.

쇼핑

시장은 일상용품, 과일, 야채, 의류, 모자, 건어물, 수공예품등 모든 물품을 판매한다.

자주 쓰이는 표현 _ 1

■ 여기에 모자가 있습니까?

어 데이 꼬 무우 코옹

Ở đây có mũ không?

···▶ 있습니다.

꼬 아

Có ạ.

바꿔 말하기

- 그림 tranh 짜잉
- 자수 제품 hàng thêu 항 테우
- 도자기 đồ gốm sứ 도 꼼 쓰
- 인형 búp bê 뿝 베

베트남 공예품을 구한다면 하노이의 경우 Hàng Bông 항 봉, Hàng Gai 항 가이 거리나 호치밍시의 Bến Thành 벤 타잉 시장에 많은 상점이 모여 있다.

자주 쓰이는 표현 _ 2

■ 이것은 무엇으로 만들었습니까?

까이 나이 을람 드 쩐 을려우 지

Cái này làm từ chất liệu gì?

···▸ 그것은 대나무로 만들었습니다.

을람 드 째

Làm từ tre.

바꿔 말하기

- 상아 ngà 응아
- 금 vàng 방
- 실크 lụa 을뤄
- 면 vải bông 바이 봉

백화점
옷
신발
공예품
쇼핑

유용한 표현

▼ 진품입니까?

꼬 파이 을라 항 터읃 코옹
Có phải là hàng thật không?

▼ 조금만 깎아주세요.

뻗 자 조 또이 몯 쭏
Bớt giá cho tôi một chút.

▼ 너무 비싸군요!

딷 꽈
Đắt quá!

▼ 조금 싼 것은 없습니까?

코옹 꼬 까이 나오 재 헌 아
Không có cái nào rẻ hơn ạ?

▶ 죄송합니다, 지금은 없습니다.

씬 을로이, 베이 저 코옹 꼬
Xin lỗi, bây giờ không có.

▼ 이것은 남성용입니까? 여성용입니까?.

까이 나이 조 단 옹 하이 단 바

Cái này cho đàn ông hay đàn bà?

▼ 또 다른 것이 있습니까?

끄 까이 칵 코옹

Có cái khác không?

▼ 좀 보여 주시겠습니까?

조 또이 쌤 몯 쭏

Cho tôi xem một chút.

▼ 좀 더 작은 것을 보여 주십시오.

조 또이 쌤 까이 녀오 헌 몯 쭏

Cho tôi xem cái nhỏ hơn một chút.

▼ 선물용으로 포장해 주십시오.

고이 타잉 고이 과 조 또이

Gói thành gói quà cho tôi.

슈퍼마켓	siêu thị 씨에우 티
백화점	cửa hàng bách hóa 끄어 항 빠익 화
시장	chợ 쩌
특산품점	cửa hàng bán đồ đặc sản 끄어 항 빤 도 닥 산
문구점	cửa hàng văn phòng phẩm 끄어 항 반 포옹 펌
도매점	cửa hàng bán buôn 끄어 항 빤 부언
소매점	cửa hàng bán lẻ · bán xỉ 끄어 항 빤 을래 · 빤 씨
시계수리	sửa chữa đồng hồ 쓰어 쯔어 동 호
완구점	cửa hàng đồ chơi 끄어 항 도 쩌이
식료품점	cửa hàng thực phẩm 끄어 항 특 펌
장신구점	cửa hàng đồ trang sức 끄어 항 도 짱 쓱
신발가게	cửa hàng giầy dép 끄어 항 저이 잽
서점	cửa hàng sách 끄어 항 싸익
빵가게	cửa hàng bánh ngọt 끄어 항 빠잉 응온
피혁제품점	cửa hàng đồ da 끄어 항 도 자
약국	hiệu thuốc 히에우 퉉

백화점·슈퍼마켓

선물	quà tặng 과 땅
점원	nhân viên bán hàng 녀언 비엔 빤 항
견본	hàng mẫu 항 머우
수공예품	hàng thủ công mỹ nghệ 항 투 꽁 미이 응에
화장품	mỹ phẩm 미이 펌
액세서리	tạp phẩm 답 펌
일상용품	vật dụng hàng ngày 버은 중 항 응아이
가정용품	đồ dùng gia đình 도 중 자 딩
유명상품	hàng nổi tiếng 항 노이 띠엥
국산품	hàng nội địa 항 노이 띠어
수입품	hàng nhập khẩu 항 녀업 커우
할인	hạ giá 하 자
가격	giá cả 자 까
사용설명서	giấy hướng dẫn sử dụng 제이 흐엉 전 쓰 중
보증서	giấy bảo hành 제이 바오 하잉

도움이 되는 **활용 어휘**

옷	áo 아오
양복	com lê 꼼 을레
바지	quần 꾸언
치마	váy 바이
넥타이	cà vạt 까 받
아오자이 베트남전통옷	áo dài 아오 자이
논라 베트남전통모자	nón lá 노온 을라
가죽허리띠	thắt lưng da 탇 을릉 자
장갑	găng tay 깡 따애
스타킹	tất dài, vó dài 떧 자이, 뽀 자이
양말	bít tất, vó 삗 떧, 뽀
수건	khăn tay 칸 따애
색깔	màu sắc 마우 싹
흰색	màu trắng 마우 짱
검정색	màu đen 마우 댄
빨간색	màu đỏ 마우 도오

옷·신발·색깔·무늬

노란색 màu vàng 마우 방

보라색 màu tím 마우 띰

초록색 màu lá cây 마우 을라 꺼이

파란색 màu xanh da trời 마우 싸잉 자 쩌이

갈색 màu nâu 마우 너우

회색 màu xám 마우 쌈

밝은 sáng 싸앙

어두운 tối 또이

얇은 mỏng 몽

두꺼운 dày 자이

크기· 사이즈 chiều dài · kích cỡ 찌에우 자이 · 끽 꺼

모양 hình dáng 힝 장

체크무니 hoa văn sọc kẻ ca rô 화 반 쏙 개 가 조

물방울무늬 hoa văn đốm chấm 화 반 돔 쩜

줄무늬 hoa văn sọc 화 반 쏙

무늬가 없는 không có hoa văn 코옹 꼬 화 반

도움이 되는 **활용 어휘**

공예품	hàng thủ công mỹ nghệ 항 투 꽁 미이 응에
도기	đồ gốm 도 곰
자기	đồ sứ 도 쓰
도자기	đồ gốm sứ 도 곰 쓰
그림	tranh 짜잉
반지	nhẫn 녀언
목걸이	vòng cổ 봉 고
귀걸이	hoa tai 화 따이
팔찌	vòng đeo tay 봉 대오 따애
인형	búp bê 뿝 베
손수건	khăn tay 칸 따애
가방	cặp 갑
책	sách 싸익
엽서	bưu thiếp 브우 티엡
우표	tem 땜

공예품·재료

금	vàng	방
은	bạc	박
옥	ngọc	응옥
마	gai dầu	가이 저우
면	sợi bông (cotton)	써이 뽕 (고똥)
나일론	ni lông	니 을롱
비단	vải	바이
모직	vải lông	바이 을롱
가죽	da	자
소가죽	da bò	자 보
양가죽	da cừu	자 끄우
돼지가죽	da lợn	자 을런
악어가죽	da cá sấu	자 까 써우

길게 남북으로 뻗은 베트남은 아름다운 바다가 있으며 진귀한 동식물이 있는 원시 밀림지대와 폭포, 호수, 동굴 등으로 만들어지는 수많은 명승지가 있다. 온화한 기후에다가 아름다운 경치가 있는 Vịnh Hạ Long 빙 하 을롱 하롱베이, Sa Pa 사 빠 사빠, Đà Lạt 다 을랃 다랏과 같은 곳은 경탄할 만한 것이다. 북, 중, 남은 나름대로 각기 여러 가지 관광지가 있다.

관광명소

• 하노이 Hà Nội 의 관광

Sông Hồng 쏭 홍 홍 강 양쪽 강가의 주변에 위치하고 있는 하노이는 1,010년에 처음으로 베트남의 수도가 되었다. 현재 베트남의 정치, 문화, 관광, 경제, 무역 등의 중심이다. 대표적인 관광명소는 Lăng Hồ chủ tịch 을랑 호 주 딕 호치밍 주석 묘, hồ Tây 호 떠이 떠이 호수, hồ Hoàn Kiếm 호 호안 끼엠 호안 끼엠 호수, Văn Miếu 반 미에우 문묘, Bảo tàng Hồ Chí Minh 바오 땅 호 치 밍 호치밍 박물관 등이 있으며 특히,

하노이 부근 지역에 있는 Vịnh Hạ Long 빙 하 을롱 하롱베이 는 약 3,000개의 섬으로 이루어져 있으며 유네스코에 의해 세계문화유산으로 지정되어 있다.

- **훼에** Huế - **다랏** Đà Lạt **의 관광**

Huế 훼에 후에 는 옛날 궁전들이 그대로 유지되고 있으며 많은 왕릉, 황제묘 및 박물관들을 볼 수 있는 중부지방의 명승지이다. Đà Lạt 다 을랃 다랏 은 훼에보다 남부지방과 더 가까이 위치하고 있으며 프랑스 식민지 때 휴양지로 만들어진 곳이다. 선선한 기후와 아름다운 경치를 소유하고 있는 베트남 관광지 중 유명한 명소이다. 호치밍시에서 약 300킬로미터의 거리에 있는 Lâm Đồng 을럼 동 성의 도시로 호치밍시와 다랏시 간을 운항하는 비행기가 있다.

- **호치밍시** Thành phố Hồ Chí Minh **의 관광**

베트남에서 매년 외국인 관광의 70%가 찾는 관광지로, 남부지방의 중심이다. 다른 지방에 비하면 시설이 좋고 교통이 편리한 편이다. 대표적인 관광명소는 Nhà thờ Lớn 냐 터 을런 성당, Nhà hát Thành phố 냐 핟 타잉 포 극장, Dinh Thống nhất 징 통 녀얻 통일궁, Bảo tàng Hồ Chí Minh 바오 땅앙 호 치 밍 호치밍 박물관, Địa đạo Củ chi 디어 다오 구 찌 구찌터널 등이 유명하다.

관 광

개인여행의 경우, 현지의 여행사나 호텔안내소 등에서 바로 관광예약을 할 수 있다.

자주 쓰이는 표현 _ 1

■ 어느 곳에 가고 싶습니까?

옹 (아잉, 찌) 무언 디 더우 아

Ông (anh, chị) muốn đi đâu ạ?

···▶ 하노이 깃대에 가고 싶습니다.

또이 무언 덴 꼳 거 하 노이

Tôi muốn đến cột cờ Hà Nội.

바꿔 말하기

• 문묘	Văn Miếu	반 미에우
• 호치밍 주석 묘	Lăng Hồ Chủ tịch	을랑 호 주 딕
• 통일궁	Dinh Thống nhất	징 통 녀얻
• 구찌 터널	Địa đạo Củ Chi	디어 다오 구 찌

예약시에는 교통수단이나 시설, 일정, 가격 등에 대해 자세히 알아보도록 한다. 상담 여행사 책임자의 휴대폰 번호를 확인한 후, 여행할 때에 사고가 생기면 바로 연락해서 도움을 받도록 한다.

자주 쓰이는 표현 _ 2

■ 근처에 여행안내소가 있습니까?

거은 데이 꼬 디엠 흐엉 전 주 을릭 코옹

Gần đây có điểm hướng dẫn du lịch không?

···▶ 네, 우체국 앞에 있습니다.

꼬 어 피어 쯔억 쁘우 디엔 아

Có ở phía trước bưu điện ạ.

바꿔 말하기

• 유적지	khu di tích	쿠 지 띡
• 공원	công viên	꽁 비엔
• 시장	chợ	쩌
• 박물관	Bảo tàng	바오 따앙

자주 쓰이는 표현 _ 3

■ 언제 문을 엽니까?

바오 저 티 머 끄어

Bao giờ thì mở cửa?

···▸ 오전 9시에 엽니다.

머 끄어 바오 찐 저 싸앙

Mở cửa vào chín giờ sáng.

바꿔 말하기

- 오후 1시 một giờ chiều 몯 저 찌에우
- 오전 8시 tám giờ sáng 땀 저 싸앙

자주 쓰이는 표현 _ 4

■ 시내지도를 주십시오.

조 또이 반 도 타잉 포

Cho tôi bản đồ thành phố.

···▶ 네, 잠깐만 기다리십시오.

벙, 씬 하애 더이 몯 쭏

Vâng, xin hãy đợi một chút.

바꿔 말하기

• 관광안내도	bản đồ hướng dẫn du lịch	반 도 흐엉 전 주 을릭
• 베트남지도	bản đồ Việt Nam	반 도 비엘 남
• 교통지도	bản đồ giao thông	반 도 자오 통
• 행정지도	bản đồ hành chính	반 도 하잉 찡

유용한 표현

▼ 좋은 관광지 좀 소개해 주십시오.

하애 저이 티에우 조 또이 디엠 주 을릭 나오 하이

Hãy giới thiệu cho tôi điểm du lịch nào hay.

▼ 안내서를 주십시오.

조 또이 더 흐엉 전

Cho tôi tờ hướng dẫn.

▼ 유명한 명승고적이 어디에 있습니까?

어 더우 꼬 자잉 을람 탕 까잉 노이 띠엥 아

Ở đâu có danh lam thắng cảnh nổi tiếng ạ?

▼ 어느 곳의 풍경이 좋습니까?

어 쪼 나오 티 까잉 댑 아

Ở chỗ nào thì cảnh đẹp ạ?

▼ 시내지도 한 장 주십시오.

조 또이 몯 떰 반 도 타잉 포

Cho tôi một tấm bản đồ thành phố.

▼ 어느 곳의 풍경이 가장 아름답습니까?

포옹 까잉 어 더우 댑 녀얻 아

Phong cảnh ở đâu đẹp nhất ạ?

▼ 시내를 일주하는 코스여행이 있습니까?

꼬 주 을릭 뚜어 꽈잉 타잉 포 코옹

Có du lịch tua quanh thành phố không?

▼ 거기서 배를 탈 수 있습니까?

드 데이 꼬 디 투엔 드억 코옹

Từ đây có đi thuyền được không?

▼ 가이드가 있습니까?

꼬 흐엉 저은 비엔 코옹

Có hướng dẫn viên không?

▼ 야간 관광이 있습니까?

꼬 탐 꽈안 반 뎀 코옹

Có thăm quan ban đêm không?

관광

관광지에서의 음식값과 기념품값은 비싼편이며, 외국인은 바가지와 소매치기의 대상이 되기 쉬우므로 주의해야 한다.

자주 쓰이는 표현 _ 1

■ 입장료는 얼마입니까?

자 배 바오 끄어 을라 빠오 녀에우

Giá vé vào cửa là bao nhiêu?

···▸ 20,000동입니다.

하이 므어이 응인 동

Hai mươi nghìn đồng.

바꿔 말하기

- 학생표 giá vé học sinh 자 배 혹 싱
- 어린이표 giá vé trẻ em 자 배 째 앰
- 어른표 giá vé người lớn 자 배 응어이 을런
- 외국인표 giá vé người nước ngoài 자 배 응어이 느억 응와이

자주 쓰이는 표현 _ 2

■ 언제 문을 닫습니까?

메이 저 티 동 끄어

Mấy giờ thì đóng cửa?

···▶ 오후 5시에 닫습니다.

동 끄어 바오 남 저 찌에우

Đóng cửa vào năm giờ chiều.

바꿔 말하기

- 오후 3시 ba giờ chiều 바 저 찌에우
- 저녁 7시 bảy giờ tối 베이 저 또이
- 일요일 chủ nhật 쭈 녀엇
- 월요일 thứ hai 트 하이

유용한 표현

▼ 어른표 2장 주세요.

조 또이 하이 배 응어이 을런

Cho tôi hai vé người lớn.

▼ 기념품은 어디에서 팝니까?

항 을류 념 빤 어 더우

Hàng lưu niệm bán ở đâu?

▼ 여기는 어디입니까?

어 데이 을라 더우

Ở đây là đâu?

▼ 안내 좀 해 주십시오.

씬 흐엉 전 줍 또이

Xin hướng dẫn giúp tôi.

▼ 화장실이 어디입니까?

냐 베 싱 어 더우

Nhà vệ sinh ở đâu?

▼ 누가 살던 곳입니까?

데이 올라 쪼 아이 뜽 쏭
Đây là chỗ ai từng sống?

▼ 저것은 무엇입니까?

까이 끼어 을라 까이 지
Cái kia là cái gì?

▼ 사진을 찍어도 됩니까?

줍 아잉 꼬 드억 코옹
Chụp ảnh có được không?

▼ 사진 한 장만 찍어주시겠습니까?

줍 줍 조 또이 몯 끼에우 아잉
Chụp giúp cho tôi một kiểu ảnh?

▼ 한 장 더 찍어주세요.

줍 템 조 또이 몯 끼에우 느어
Chụp thêm cho tôi một kiểu nữa.

관광

요즘은 도시하노이, 호치밍시 의 관광버스, 관광기차, 유람선 등을 이용해서 관광지를 돌아볼 수 있다.

자주 쓰이는 표현 _ 1

■ 몇 시에 출발합니까?

메이 저 티 쑤얻 팓

Mấy giờ thì xuất phát?

···▶ 8시입니다.

땀 저 아

Tám giờ ạ.

바꿔 말하기

• 끝나다	kết thúc	껟 툭	• 돌아오다	quay lại	꾸아이 을라이
• 시작하다	bắt đầu	빧 더우	• 도착하다	đến nơi	덴 너이

자주 쓰이는 표현 _ 2

■ 기념품 살 시간이 있습니까?

꼬 터이 잔 무어 도 을류 념 코옹

Có thời gian mua đồ lưu niệm không?

···▶ 있습니다.

꼬

Có.

바꿔 말하기

- 사진찍다 chụp ảnh 줍 아잉
- 화장실가다 đi vệ sinh 디 베 싱
- 식사 ăn cơm 안 껌
- 개인 tự do riêng 뜨 조 지엥

유용한 표현

▼ 어떤 투어 코스가 있습니까?

꼬 녀응 쭈옌 나오

Có những chuyến nào?

▶ 하루 코스가 있습니다.

꼬 쭈옌 뚜어 못 응아이

Có chuyến tua một ngày.

▼ 식비와 입장료가 포함입니까?

꼬 바오 곰 가 띠엔 안 바 띠엔 배 바오 끄어 코옹

Có bao gồm cả tiền ăn và tiền vé vào cửa không?

▶ 아니오, 모두 각각 냅니다.

콩, 떨 가 파이 짜아 지엥

Không, tất cả phải trả riêng.

▼ 또 다른 코스도 있습니까?

꼬 쭈옌 뚜어 나오 칵 코옹

Có chuyến tua nào khác không?

▼ 어디에서 몇 시에 출발합니까?

메이 저, 쑤얻 팓 어 더우

Mấy giờ, xuất phát ở đâu?

▼ 버스에 몇 시까지 돌아오면 됩니까?

파이 꾸아이 을라이 쌔 바오 을룩 메이 저

Phải quay lại xe vào lúc mấy giờ?

▶ 12시까지 돌아오면 됩니다.

꾸아이 을라이 을룩 므어이 하이 저

Quay lại lúc mười hai giờ.

▼ 여기에서 얼마나 머뭅니까?

증 을라이 어 데이 바오 을러우

Dừng lại ở đây bao lâu?

▼ 들어가지 않아도 됩니까?

또이 코옹 바오 꼬 드억 코옹

Tôi không vào có được không?

도움이 되는 **활용 어휘**

여행	du lịch 주 을릭
견학	học thực tế 혹 특 떼
하루코스	chuyến một ngày 쭈엔 몯 응아이
2일코스	chuyến hai ngày 쭈엔 하이 응아이
오전코스	chuyến buổi sáng 쭈엔 붜이 싸앙
오후코스	chuyến buổi chiều 쭈엔 붜이 찌에우
야간코스	chuyến ban đêm 쭈엔 반 뎀
미술관	bảo tàng mỹ thuật 바오 따앙 미이 투얻
박물관	bảo tàng 바오 따앙
기념관	đài kỷ niệm 다이 기 념
통일궁	Dinh Thống nhất 징 통 녀얻
식물원	công viên thực vật 꽁 비엔 특 버읃
동물원	vườn thú 브언 투
극장	rạp hát, nhà hát 잡 핟, 냐 핟
영화관	rạp chiếu phim 잡 찌에우 핌
음악당	phòng hòa nhạc 포옹 화 녀악

관광안내

박람회, 전람회	triển lãm 찌엔 을람
연주회	buổi biểu diễn âm nhạc 뷔이 비에우 지엔 엄 녀악
공원	công viên 꽁 비엔
유적	di tích 지 띡
명승고적	danh lam thắng cảnh 자잉 을람 탕 까잉
문묘	Văn Miếu 반 미에우
호치밍 주석 묘	Lăng Hồ chủ tịch 을랑 호 주 띡
절	chùa 주어
산	núi 누이
해안	bờ biển 버 비엔
강	sông 쏭
바다	biển 비엔
호수	hồ 호
폭포	thác 탁
고원	cao nguyên 까오 응웬
야시장	chợ đêm 쩌 뎀

도움이 되는 활용 어휘

관광안내소	nơi hướng dẫn 너이 흐엉 전
가이드	người hướng dẫn 응엉이 흐엉 전
안내책자	sách hướng dẫn 싸익 흐엉 전
안내서	tờ hướng dẫn 더 흐엉 전
수속	thủ tục 투 둑
매표소	nơi bán vé 너이 빤 배
입장권	vé vào cửa 배 바오 끄어
만원	hết chỗ 헬 쪼
개관시간	giờ mở cửa 저 머 끄어
폐관시간	giờ đóng cửa 저 동 끄어
엽서	bưu thiếp 브우 티엡
카메라	máy ảnh 마애 아잉
사진	ảnh 아잉
필름	phim chụp ảnh 핌 쥽 아잉
충전기	máy sạc pin 마애 삭 빈
건전지	pin 빈

어댑터	a-ráp-tơ 아 랍 떠
칼라	màu 마우
흑백	đen trắng 댄 짱
공중전화	điện thoại công cộng 디엔 타이 꽁 공
화장실	nhà vệ sinh 냐 베 싱
경찰서	sở cảnh sát 서 까잉 쌋
어른	người lớn 응어이 을런
어린이	trẻ em 째 앰
학생	học sinh 혹 싱
외국인	người nước ngoài 응어이 느억 응와이
단체	đoàn thể 도안 테
개인	cá nhân 까 녀언

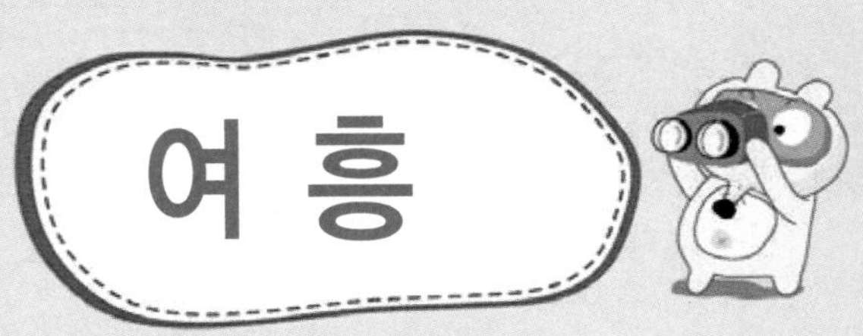

영화, 연극, 서커스외에 여러 가지 스포츠도 즐길 수 있으며 다방, 커피숍, 차관, 가라오케(노래방)등도 성업 중이다.

수상인형극 múa rối nước 무어 조이 느억

하노이의 유명한 극단은 Nhà hát múa rối nước Thăng Long 냐 할 무어 조이 느억 탕 을롱 탕 을롱 수상인형극단 이다. 자연재료를 이용해 만든 독특한 형태인 수상인형극은 세계에서 유일한 베트남의 고유예술이다.

서커스 xiếc 씨엑

서커스는 50년의 역사와 전통을 가지고 있으며, 내용은 곡예, 음악, 패션쇼 등이 있다. 일주에 3,4회 공연한다.

차관 quán trà 꽌 자, 커피숍 quán cà phê 꽌 가 페

중국식, 대만식, 일본식 등의 찻집이 있다. 찻집마다의 특색 있는 건축구조를 볼 수 있으며, 음악도 듣고 차를 마신다. 커피는 베트남특산물로, 커피숍이나 다방을 찾는 사람들이 많다.

디스코텍 vũ trường 부 쯔엉 , 술집 quán rượu 꽌 즈어우

밤이면 젊은이들이 모여 뜨거운 열기를 발산하는 디스코텍은 주말 밤이면 입추의 여지가 없이 붐빈다.

베트남인이 자주 다니는 quán rượu dân tộc 꽌 즈어우 전 독 민속 술집 quán bia hơi 꼬안 비어 허이 베트남식 생맥주집 등은 값이 저렴하고 일반적인 술집 및 호프들이다. 조금 더 고급스러운 데는 bia tươi 비어 뜨어이 생맥주, rượu ngoại 즈어우 응와이 양주 를 판매하는 레스토랑들이다.

오락 · 스포츠 game 게임, thể thao 테 타오

게임방, 오락실 등이 많이 생겨 인기가 있으며, 아침이면 각 공원마다 태극권 및 배드민턴, 달리기 등으로 건강을 다진다.

여흥

주말 및 명절이면 지역마다 민속 전통 가무 공연, 음악 연주회 및 여러 행사들이 벌어진다.

자주 쓰이는 표현 _ 1

■ 저는 수상인형극에 관심이 있습니다.

또이 틱 무어 조이 느억

Tôi thích múa rối nước.

…▶ 그럼, 제가 안내해드리겠습니다.

버이, 데 또이 찌 (흐엉 저은) 조

Vậy, để tôi chỉ (hướng dẫn) cho.

바꿔 말하기

• 영화	điện ảnh	디엔 아잉
• 디스코텍	vũ trường	부 쯔엉
• 베트남음악	âm nhạc Việt Nam	엄 녀악 벼엔 남
• 서커스	xiếc	씨엑

자주 쓰이는 표현 _ 2

■ 어떤 좌석을 원하십니까?

옹 (아잉, 찌) 무언 배 응오이 어 더우 아

Ông (anh, chị) muốn vé ngồi ở đâu ạ?

···▶ 앞 좌석으로 주십시오.

조 또이 배 응오이 어 피어 쯔억

Cho tôi vé ngồi ở phía trước.

바꿔 말하기

• A석	vé hàng A	배 항 아
• 가운데 좌석	vé ngồi giữa	배 응오이 즈어
• 맨 앞 좌석	vé ngồi hàng đầu tiên	배 응오이 항 더우 띠엔
• 입석	vé đứng	배 등

유용한 표현

▼ 어디서 수상인형극을 볼 수 있습니까?

꼬 테 쌤 무어 조이 느억 어 더우
Có thể xem múa rối nước ở đâu?

▼ 지금 무엇이 공연되고 있습니까?

베이 저 당 비에우 지엔 까이 지
Bây giờ đang biểu diễn cái gì?

▼ 며칠까지 공연합니까?

비에우 지엔 덴 응아이 빠오 녀에우
Biểu diễn đến ngày bao nhiêu?

▼ 좌석을 예약하려고 합니다.

또이 무언 닫 쪼 쯔억
Tôi muốn đặt chỗ trước.

▼ 몇 시에 공연이 시작합니까?

메이 저 빧 더우 비에우 지엔
Mấy giờ bắt đầu biểu diễn?

▼ 표는 한 장에 얼마입니까?

빠오 녀에우 몯 배

Bao nhiêu một vé?

▼ 당일표가 아직도 있습니까?

꼬 배 꾸어 홈 도 코옹

Có vé của hôm đó không?

▶ 이미 다 팔렸습니다.

다 빤 헫 조이

Đã bán hết rồi.

▼ 7시표로 2장 주십시오.

조 또이 하이 배 뷔이 베이 저

Cho tôi hai vé buổi bảy giờ.

▼ 제 자리로 안내해 주십시오.

을람 언 저은 또이 덴 쪼 응오이

Làm ơn dẫn tôi đến chỗ ngồi.

여흥

디스코텍과 같은 유흥업소의 영업시간은 밤 12시까지만 허용된다. 카지노는 Hạ Long 하 올롱 이나 Đồ Sơn 도 썬 등에 있고 외국인만 출입 가능하다.

자주 쓰이는 표현 _ 1

■ 카지노에 가려고 합니다.

또이 무언 디 가 시 노

Tôi muốn đi ca si nô.

···▸ 제가 안내하겠습니다.

데 또이 찌 (흐엉 저은) 조

Để tôi chỉ (hướng dẫn) cho.

바꿔 말하기

• 춤을 추다	nhảy	냐애
• 노래방에 가다	đi hát karaoke	디 할 가 라 오 개
• 술을 마시다	uống rượu	우엉 즈어우
• 생맥주집에 가다	đi quán bia tươi	디 꼬안 비어 뜨어이

베트남 사람은 아침에 공원에서 태극권 기공을 연습하거나 배드민턴을 하거나 탁구, 제기, 축구 등의 운동을 많이 한다.

자주 쓰이는 표현 _ 2

■ 호텔 안에 수영장이 있습니까?

쪼옹 카익 싼 꼬 베 버이 코옹

Trong khách sạn có bể bơi không?

···▶ 물론이지요.

떤 녀엔 을라 꼬 아

Tất nhiên là có ạ.

바꿔 말하기

• 볼링장	sàn chơi bowling	산 쩌이 볼링
• 헬스장	phòng tập thể hình	포옹 떱 테 힝
• 사우나	nhà tắm xông hơi	냐 땀 송 허이
• 노래방(가라오케)	karaoke	가 라 오 게

유용한 표현

▼ 생맥주 주십시오.

조 또이 비어 뜨어이
Cho tôi bia tươi.

▼ 하이네켄 있습니까?

꼬 비어 헤 니 갠 코옹
Có bia Heineken không?

▼ 베트남식 간단한 안주 주십시오.

조 또이 메이 몬 녀어우 던 잔 끼에우 벼엔 남
Cho tôi mấy món nhậu đơn giản kiểu Việt Nam.

▼ 과일안주 주십시오.

조 또이 화 꽈 을람 도 녀어우
Cho tôi hoa quả làm đồ nhậu.

▼ 민속 술집이 어디에 있습니까?

어 더우 꼬 꽌 즈어우 전 똑
Ở đâu có quán rượu dân tộc?

▼ 저와 춤추시겠습니까?

씬 머이 냐애 버이 또이 몯 바이
Xin mời nhảy với tôi một bài?

▼ 제가 한 잔 사겠습니다.

또이 무언 머이 빤 몯 을리 즈어우
Tôi muốn mời bạn một ly rượu.

▼ 슬롯머신이 있는 호텔은 어디입니까?

카익 싼 나오 꼬 마애 부이 쩌이 쭝 트엉
Khách sạn nào có máy vui chơi trúng thưởng?

▼ 카지노가 어디에 있습니까?

어 더우 꼬 가 시 노
Ở đâu có ca si nô?

▼ 50달러를 칩으로 바꿔 주십시오.

도이 조 또이 남 므어이 도 을라 띠엔 피잉
Đổi cho tôi 50 đô la tiền phỉnh.

유용한 표현

▼ 호텔 안에 어떤 운동 시설이 있습니까?

쪼옹 카익 싼 꼬 녀응 티엘 비 덥 테 타오 나오

Trong khách sạn có những thiết bị tập thể thao nào?

▶ 수영장, 테니스장, 탁구장이 있습니다.

꼬 베 버이, 썬 때 닏, 반 뽕 반

Có bể bơi, sân te nít, bàn bóng bàn.

▼ 수영장은 어디에 있습니까?

베 버이 어 더우 아

Bể bơi ở đâu ạ?

▼ 몇 시부터 몇 시까지 문을 엽니까?

머 끄어 드 메이 저 덴 메이 저

Mở cửa từ mấy giờ đến mấy giờ?

▶ 아침 6시부터 저녁 10시까지 영업합니다.

머 끄어 드 싸우 저 싸앙 덴 므어이 저 또이

Mở cửa từ sáu giờ sáng đến mười giờ tối.

▼ 옷은 어디에 보관합니까?

그이 꾸언 아오 어 더우

Gửi quần áo ở đâu?

▼ 입장료는 얼마입니까?

배 바오 끄어 을라 빠오 녀에우

Vé vào cửa là bao nhiêu?

▼ 테니스장은 한 시간에 얼마입니까?

썬 때 닏 쩌이 몯 띠엥 자 빠오 녀에우

Sân te nít chơi một tiếng giá bao nhiêu?

▶ 한 사람당 50,000 동입니다.

남 므어이 응인 동 몯 응어이

Năm mươi nghìn đồng một người.

▼ 라켓을 빌릴 수 있습니까?

또이 꼬 테 므언 벋 드억 코옹

Tôi có thể mượn vợt được không?

도움이 되는 **활용 어휘**

공연	biểu diễn 비에우 지엔
수상인형극	múa rối nước 무어 조이 느억
서커스	xiếc 씨엑
마술	ảo thuật 아오 투얻
무술	võ thuật 보 투얻
영화	điện ảnh 디엔 아잉
연극	kịch 긱
뮤지컬	âm nhạc 엄 녀악
오페라	ô pê ra 오 뻬 을라
발레	ba lê 바 레
연주	biểu diễn âm nhạc 비에우 지엔 엄 녀악
주연	vai chính 바이 찡
감독	đạo diễn 다오 지엔
극장	rạp hát, nhà hát 잡 핟, 냐 핟
영화관	rạp chiếu phim 잡 찌에우 핌
무대	sân khấu 썬 커우
좌석	ghế ngồi 게 응오이
카지노	ca si nô 가 시 노
슬롯머신	máy đánh bạc, máy chơi trúng thưởng 마애 다잉 박, 마애 쩌이 쭝 트엉

공연 · 스포츠

운동	tập thể thao 떱 테 타오
스포츠	thể thao 테 타오
축구	bóng đá 뽕 다
탁구	bóng bàn 뽕 반
농구	bóng rổ 뽕 조
배구	bóng chuyền 뽕 쭈엔
야구	bóng chày 뽕 짜이
볼링	bowling 볼링
골프	gòn 곤
당구	bi-da 비 자
포켓볼	bi-a 비 아
수영	bơi 버이
다이빙	lặn 을란
테니스	te nít 때 닏
배드민턴	cầu lông 꺼우 을롱
승마	cưỡi ngựa 끄어이 응으아
육상	điền kinh 디엔 낑
마라톤	ma ra tông 마 라 똥
체조	thể dục thể thao 테 죽 테 타오

술	rượu 즈어우
생맥주	bia tươi 비어 뜨어이
병맥주	bia chai 비어 짜이
캔맥주	bia hộp 비어 홉
양주	rượu ngoại 즈어우 응와이
소주	so ju 소 주
넵 머이	nếp mới 넵 머이 **베트남전통주**
즈어우 넵	rượu nếp 즈어우 넵 **동동주와 비슷한 찹쌀로 만든 술**
비어 허이	bia hơi 비어 허이 **베트남식 생맥주**
와인	rượu vang 즈어우 바앙
위스키	rượu uýt ky 즈어우 윋 기
샴페인	sâm banh 써음 빠잉
칵테일	cốc-tai (cocktail) 꼭 따이
진	rượu gin 즈어우 진
안주	đồ nhậu 도 녀어우
과일안주	món nhậu hoa quả 몬 녀어우 화 꽈
마른안주	đồ nhậu khô 도 녀어우 코
샐러드	xa lát 사 을랃
치킨	thịt gà rán 틷 가 잔

베트남식 오리구이	vịt quay 빋 꾸아이 구운 오리 고기
닭고기	thịt gà 틷 가
염소고기	thịt dê 틷 제
염소고기 샤브샤브	lẩu dê 을러우 제
송아지 고기	thịt bê 틷 베
쇠고기 구이	bò tùng xẻo 보 두웅 새오
뱀고기	thịt rắn 틷 잔
샤브샤브	lẩu 을러우
해물 샤브샤브	lẩu hải sản 을러우 하이 산
쇠고기 샤브샤브	lẩu bò 을러우 보
장어 튀김	chả lươn 짜 을르언
장어	lươn 을르언
생선 구이	cá nướng 까 느엉
생선 샤브샤브	lẩu cá 을러우 까
맥주로 찐 생선	cá hấp bia 까 허읍 비어 맥주로 뜨거운 김을 올려 익히는 생선
땅콩	lạc 을락

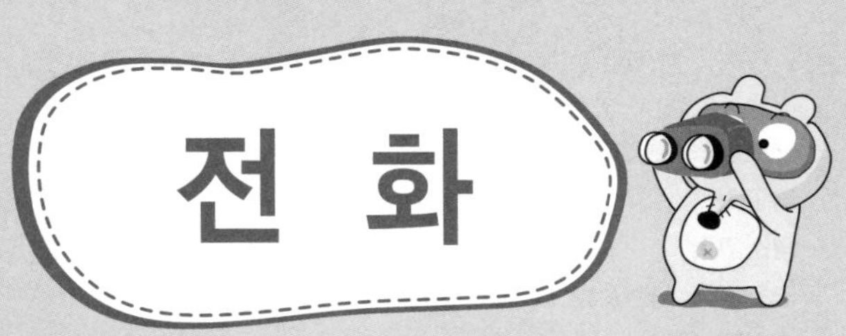

한국으로 전화를 걸 때는 각자 본인 휴대전화를 이용할 수도 있고 호텔 객실 내 전화기나 공중전화를 사용하여 전화를 할 수도 있다. 국제전화선불카드를 구입해서 일반전화로 걸면 비교적 저렴하게 이용할 수 있다.

휴대 전화 사용

이제는 세계 어디를 가든 휴대 전화 하나면 있으면 통화뿐만 아니라, 메신저로 연락을 주고 받을 수 있고 이외에도 카메라, 네비게이션으로 활용하고 인터넷을 통해 여러 정보를 얻기에 아주 유용하다.

베트남에서 휴대 전화를 사용하는 방법은 크게 두 가지이다. 첫째는 베트남으로 출발하기 전에 미리 국내에 가입되어 있는 기존 통신사에 로밍서비스를 이용하는 것이고, 두번째는 베트남 도착 후에 공항이나 시내에서 USIM유심칩을 구입하여 사용하는 방법이다. 각각 장단점이 있으므로 비용이 유리한 쪽이나 편리한 쪽으로 선택하면 된다.

국제전화

직접 통화

국제 자동 전화

휴대 전화나 일반 전화로 이용할 수 있는 가장 빠르고 편리한 방법이다.

국제전화 접속코드 ▶ 국가번호 82 ▶ 국내 지역번호 ▶ 전화번호

★ 베트남에서 한국 서울의 123-4567로 전화할 때

00	+	82	+	2	+	123-4567
국제전화 접속코드		한국		서울		전화번호

▸ 국내 지역 번호의 '0' 은 사용하지 않음
▸ 서울 : 02 → 2 / 부산 : 051 → 51 / 인천 : 032 → 32

★ 베트남에서 한국 휴대 전화 1234-5678로 전화할 때

00	+	82	+	10	+	1234-5678
국제전화 접속코드		한국		통신사		핸드폰번호

▸ 통신사 번호의 '0' 은 사용하지 않음

전화

한국으로 국제전화를 할 때 직통으로 거는 방법도 있고 호텔 객실이나 우체국 창구에서 신청접수한 후 거는 방법도 있다.

자주 쓰이는 표현_1

■ 미스터 응웬 반 썬을 바꿔주세요.

조 또이 갑 아잉 응웬 반 썬

Cho tôi gặp ông Nguyễn Văn Sơn.

…▸ 잠시만 기다리세요.

씬 더이 몯 쭏

Xin đợi một chút.

바꿔 말하기

• 투 항(여)	Chị Thu Hằng	찌 투 항
• 을롱(남)	anh Long	아잉 을롱
• 102호실	phòng 102	포옹 몯 을래 하이
• 룸서비스	phục vụ phòng	푸욱 부 포옹

베트남에서 한국으로의 수신자부담전화 Collect call 번호는 KT 1783-821, LG데이콤 120-82-002 로 접속하면 한국인 상담원과 연결된다.

자주 쓰이는 표현 _ 2

■ 어디로 전화하시겠습니까?

옹 (아잉, 찌) 고이 디엔 톼이 디 더우

Ông (anh, chị) gọi điện thoại đi đâu?

…▸ 콜렉트콜로 한국에 전화를 하려고 합니다.

또이 무언 고이 디엔 톼이 덴 하안 꾸억 태오 직 부 응어이 응애 짜아 띠엔

Tôi muốn gọi điện thoại đến Hàn Quốc theo dịch vụ người nghe trả tiền.

바꿔 말하기

- 서울 Seoul 서울
- 이 전화번호 số điện thoại này 쏘 디엔 톼이 나이

유용한 표현

▼ 전화카드는 어디에서 삽니까?

무어 태 디엔 톼이 어 더우 아
Mua thẻ điện thoại ở đâu ạ?

▼ 공중전화는 어디에 있습니까?

디엔 톼이 꽁 공 어 도우 아
Điện thoại công cộng ở đâu ạ?

▶ 요금을 누가 부담하시겠습니까?

아이 파이 짜아 띠엔 디엔 톼이 아
Ai phải trả tiền điện thoại ạ?

▼ 콜렉트콜로 하겠습니다.

또이 쌔 고이 직 부 응어이 응애 짜아 띠엔
Tôi sẽ gọi dịch vụ người nghe trả tiền.

▼ 여기에서 국제전화를 걸 수 있습니까?

어 데이 꼬 고이 디엔 톼이 꾸억 떼 드억 코옹
Ở đây có gọi điện thoại quốc tế được không?

▼ 다시 한 번 말씀해 주십시오.

씬 하애 노이 을라이

Xin hãy nói lại.

▶ 상대방 전화번호를 말씀해 주십시오.

씬 조 삐엗 쏘 디엔 톼이 응어이 녀은 마애

Xin cho biết số điện thoại người nhận máy.

▼ 전화번호는 서울의 2649-1234입니다.

쏘 디엔 톼이 을라 서울 하이 싸우 본 찐-몯 하이 바 본

Số điện thoại là Seoul 2649-1234.

▶ 전화 거시는 분 성함을 말씀해 주십시오.

씬 조 삐엗 뗀 응어이 고이

Xin cho biết tên người gọi.

▼ 저는 김민수입니다.

또이 뗀 을라 김 민 수

Tôi tên là Kim Min Soo.

유용한 표현

▼ 이 전화는 어떻게 사용합니까?

까이 디엔 톼이 나이 쓰 중 테 나오
Cái điện thoại này sử dụng thế nào?

▶ 우선 0번을 누르십시오.

뻠 쏘 코옹 쯔억
Bấm số không (0) trước.

▼ 보증금이 필요합니까?

꼬 거은 띠엔 닫 꼭 짜아 쯔억 코옹
Có cần tiền đặt cọc trả trước không?

▼ 저는 베트남어를 못합니다.

또이 코옹 노이 드억 띠엥 벼엔
Tôi không nói được tiếng Việt.

▼ 한국어 할 줄 아시는 분이 있습니까?

꼬 아이 삐엔 노이 띠엥 하안 코옹
Có ai biết nói tiếng Hàn không?

▼ 한국의 국가번호는 몇 번 입니까?

쏘 마 꾸억 자 구어 하안 꾸억 을라 메이
Số mã quốc gia của Hàn Quốc là mấy?

▼ 잘 안 들립니다.

또이 코옹 응애 조
Tôi không nghe rõ.

▼ 크게 말씀해 주시겠습니까?

씬 하애 노이 또 을렌
Xin hãy nói to lên?

▼ 전화카드로 국제전화를 걸 수 있습니까?

꼬 테 고이 디엔 톼이 꾸억 떼 방 태 디엔 톼이 코옹
Có thể gọi điện thoại quốc tế bằng thẻ điện thoại không?

▼ 이 번호로 국제전화를 걸어주십시오.

고이 디엔 톼이 꾸억 떼 태오 쏘 나이 조 또이
Gọi điện thoại quốc tế theo số này cho tôi.

도움이 되는 **활용 어휘**

전화	điện thoại 디엔 톼이
시내전화	điện thoại nội hạt 디엔 톼이 노이 할
장거리전화	điện thoại đường dài 디엔 톼이 드엉 자이
국제전화	điện thoại quốc tế 디엔 톼이 꾸억 떼
콜렉트콜	dịch vụ người nghe trả tiền 직 부 응어이 응애 짜아 띠엔
내선전화	điện thoại nội bộ 디엔 톼이 노이 보
외부전화	điện thoại ra ngoài 디엔 톼이 자 응와이
공중전화	điện thoại công cộng 디엔 톼이 꽁 공
교환원	nhân viên trực điện thoại 녀언 비엔 즉 디엔 톼이
교환대	quầy trực điện thoại 궈이 즉 디엔 톼이
전화카드	thẻ điện thoại 태 디엔 톼이
통화중	máy bận 마애 번
부재중	không có người nghe máy 코옹 꼬 응어이 응애 마애
전화비	tiền điện thoại 띠엔 디엔 톼이
혼선	rối mạng, nghẽn mạng 조이 망 / 응앤 망

국제전화

전화번호	số điện thoại 쏘 디엔 톼이
지역번호	mã vùng 마 붕
국가번호	mã quốc gia 마 꾸억 자
전화기	máy điện thoại 마애 디엔 톼이
전화박스	hòm điện thoại 홈 디엔 톼이
가정전화	điện thoại gia đình 디엔 톼이 자 딩

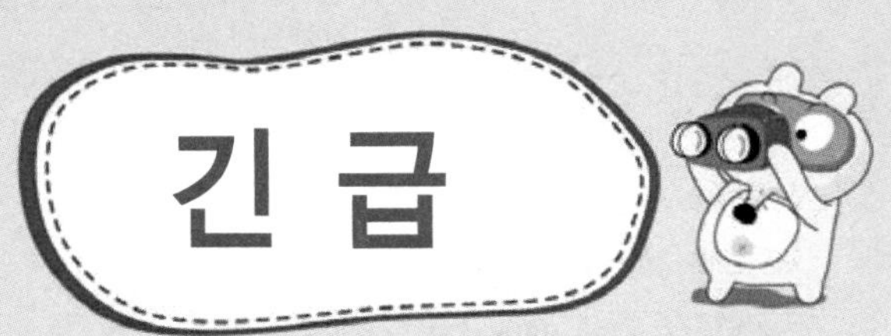

물건을 분실, 도난당하였거나 병이 나는 등의 돌발사고가 일어났을 때는 바로 호텔 직원이나 현지인에게 부탁을 하여 그 사정에 따라 경찰이나 병원 등으로 연락한다. 언어에 자신이 없는 사람은 가이드 또는 한국대사관이나 총영사관 등 한국어가 통하는 곳에 도움을 청한다.

분실 mất đồ 먿 도

베트남의 치안은 시장경제의 개방 및 활성화에 따라 점차 불안해지고 있다. 안전하다고 생각되어지는 공항, 호텔 등 공공장소 에서도 외국인 여행객을 노린 강도나 소매치기 등이 발생하고 있다. 다음과 같은 몇 가지를 유의하여 여행하도록 하자.

1. 귀중품은 가지고 다니지 말자. 꼭 가지고 가야할 때는 여러 곳에 분산시켜서 눈에 띄지 않도록 주의를 한다.
2. 길거리의 거지나 부랑아에게 관심을 두지 말라.
3. 화장실이나 공중전화에서는 가방이나 핸드백을 몸 가까이에 둔다.
4. 여권, 항공권, 신용카드, 여행자수표 등은 반드시 복사해 두거나 번호를 따로 적어 둔다.

물 nước an 느억 안

베트남인들도 물은 반드시 한 번 끓여 그 윗물만을 마시는데 한 번 끓인 물을 nước s i 느억 쏘이 라고 한다. 호텔의 객실에는 물이 담긴 보온병이 구비되어 잇으므로 프론트에 신청하면 된다. 시내 상점에서 생수도 팔고 있으므로 이용하도록 한다.

화장실 nh vệ sinh 냐 베 싱

외국인들이 머무는 고급 호텔이나 레스토랑 등에서는 무료로 이용가능하며 비교적 청결하다. 단, 시내의 공중화장실은 유료이며 깨끗하지 않은 곳도 있다.

긴급전화 điệ n thoại khẩn cấp 디엔 토아이 컨 껍

주베트남한국대사관 Tel : 04)38315110/6, Fax : 04)38315117

한국총영사관 호찌민 Tel : 08)3822-5757

화재신고 : 114 범죄신고 : 113

긴급 의료 구호 : 115 이민국 하노이 : 04)3934-5609

Korea Clinic : 04)3843-7231 하노이

International SOS : 04)3934-0666 하노이 08)3829-8424 호찌민

긴급

즐거운 여행만을 생각하다 불미스러운 일을 당하게 되면 적지 않은 당황과 조급함으로 여행을 망치기가 쉽다.

자주 쓰이는 표현 _ 1

■ 왜 그러십니까?

옹 (아잉, 찌) 싸오 테

Ông (anh, chị) sao thế?

…▸ 여권을 분실했습니다.

또이 비 머은 호 찌에우

Tôi bị mất hộ chiếu.

바꿔 말하기

- 항공권 vé máy bay 배 마애 바애
- 지갑 ví 비
- 표(티켓) vé 배
- 가방 cặp 갑

만약을 위해 한국대사관, 경찰청 등 중요한 연락처를 메모해 두고 여권 번호, 신용카드, 여행자수표 등의 복사본을 따로 적어 두는 것이 좋다.

자주 쓰이는 표현 _ 2

■ 어디에서 잃어버렸습니까?

옹 (아잉, 찌) 비 머읃 어 더우

Ông (anh, chị) bị mất ở đâu?

…▶ 어디에서 잃어버렸는지 모르겠습니다.

또이 코옹 삐엘 을라 머읃 어 더우 느어

Tôi không biết là mất ở đâu nữa.

바꿔 말하기

- 택시 안에 두고 내렸습니다. tôi để quên trên xe tắc xi
  또이 데 꾸엔 쩬 쌔 딱 시
- 도난을 당한 것 같습니다. có lẽ tôi bị mất cắp 꼬 을래 또이 비 머읃 깝

유용한 표현

▼ 분실 신고는 어떻게 합니까?

또이 파이 카이 바오 머믇 도 녀으 테 나오
Tôi phải khai báo mất đồ như thế nào?

▶ 한국대사관에 가보세요.

하애 덴 다이 쓰 꼬안 하안 꾸억
Hãy đến Đại sứ quán Hàn Quốc.

▼ 한국대사관에 전화를 걸어 주십시오.

씬 하애 디엔 토아이 덴 쓰 꼬안 하안 꾸억 쥽 또이
Xin hãy điện thoại đến Sứ quán Hàn Quốc giúp tôi.

▼ 경찰서가 어디 있습니까?

돈 까잉 쌀 어 더우
Đồn cảnh sát ở đâu?

▼ 혹시 제 지갑 못 보셨습니까?

꼬 녀인 테이 찌엑 비 꾸어 또이 코옹
Có nhìn thấy chiếc ví của tôi không?

▼ 찾는 걸 도와주십시오.

씬 하애 줍 또이 딤 노
Xin hãy giúp tôi tìm nó.

▼ 지갑을 도둑맞았습니다.

또이 비 쫌 머읏 비 조이
Tôi bị trộm mất ví rồi.

▼ 택시에 가방을 두고 내렸습니다.

또이 데 꾸엔 갑 쩬 쌔 부잇
Tôi để quên cặp trên xe buýt.

▼ 안에 항공권과 현금, 신용카드가 들어있습니다.

쪼옹 도 꼬 배 마애 바애, 띠엔 맏, 태 띤 중
Trong đó có vé máy bay, tiền mặt, thẻ tín dụng.

▼ 찾으면 이곳으로 연락 주십시오.

네우 딤 드억 하애 을련 을락 조 또이 태오 디어 찌 나이
Nếu tìm được hãy liên lạc cho tôi theo địa chỉ này.

분실 도난

질병

긴급

긴급

아프거나 음식 때문에 고생을 할 때 베트남 병원이나 국제병원 또는 한국병원에 갈 수도 있다.

자주 쓰이는 표현 _ 1

■ 어디가 불편하십니까?

옹 (아잉, 찌) 테이 코 찌우 어 더우

Ông (anh, chị) thấy khó chịu ở đâu?

···▶ 목이 아픕니다.

또이 다우 고 홍

Tôi đau **cổ họng**.

바꿔 말하기

• 이빨	răng	장	• 머리	đầu	더우
• 배	bụng	붕	• 허리	lưng	을릉

되도록 식수는 사서 마시는 것이 좋으며, 비상의약품을 미리 준비하는 것도 잊지 말자!

자주 쓰이는 표현 _ 2

■ 병원이 어디 있습니까?

벵 비엔 어 더우

Bệnh viện ở đâu?

···▶ 저와 함께 가시죠.

씬 하애 디 궁 버이 또이

Xin hãy đi cùng với tôi.

바꿔 말하기

• **약국** hiệu thuốc 히에우 퉉 • **주사실** phòng tiêm 포옹 띠엠

유용한 표현

▼ 몸이 불편합니다.

또이 테이 코 찌우 쪼옹 응어이
Tôi thấy khó chịu trong người.

▼ 근처에 병원이 있습니까?

거은 데이 꼬 벵 비엔 코옹
Gần đây có bệnh viện không?

▼ 의사를 불러주시겠습니까?

씬 하애 고이 빡 시이 조 또이
Xin hãy gọi bác sĩ cho tôi.

▼ 병원으로 데려가 주십시오.

하애 드어 또이 덴 벵 비엔
Hãy đưa tôi đến bệnh viện.

▼ 발목을 삐었습니다.

또이 비 째오 고 쩌은
Tôi bị trẹo cổ chân.

▼ 어지럽습니다.

또이 쫑 맏
Tôi chóng mặt.

▼ 어젯밤부터 설사를 합니다.

또이 비 디 응와이 뜨 뎀 꽈
Tôi bị đi ngoài từ đêm qua.

▼ 감기에 걸린 것 같습니다.

꼬 을래 비 감
Có lẽ bị cảm.

▼ 열이 계속 납니다.

또이 비 쏟 을련 뚝
Tôi bị sốt liên tục.

▼ 처방전을 써 주십시오.

씬 께 던 툭 조 또이
Xin kê đơn thuốc cho tôi.

도움이 되는 **활용 어휘**

한국대사관	Đại sứ quán Hàn Quốc 다이 쓰 꼬안 하안 꾸옥
영사관	Lãnh sự quán 을라잉 스 꽌
분실	mất đồ 머읃 도
도난	mất trộm / mất cắp 머읃 쫌 / 머읃 깝
강도	cướp 끄업
소매치기	móc túi 목 뚜이
사고	tai nạn 따이 난
경찰서/파출소	đồn cảnh sát/sở cảnh sát 돈 까잉 싿/ 서 까잉 싿
경찰관	cảnh sát/ công an 까잉 싿 / 꽁안
분실물신고서	giấy báo mất đồ 제이 바오 머읃 도
발생장소	nơi xảy ra sự việc 너이 싸이 자 스 비엑
연락처	địa chỉ liên lạc 디어 찌 을련 락
주소	địa chỉ 디어 찌
전화번호	số điện thoại 쏘 디엔 톼이

분실·도난

분실증명서	xác nhận mất đồ 싹 녀은 머읃 도
도난증명서	xác nhận mất cắp 싹 녀은 머읃 깝
사고증명서	xác nhận gặp tai nạn 싹 녀은 갑 따이 난
재발행	phát lại 팓 을라이
여권	hộ chiếu 호 찌에우
여권번호	số hộ chiếu 쏘 호 찌에우
항공권	vé máy bay 배 마애 바애
지갑	ví 비
핸드백	túi xách tay 뚜이 싸익 따애
가방	cặp 갑
신용카드	thẻ tín dụng 태 띤 중
여행자수표	séc du lịch 쌕 주 을릭
귀중품	vật quý giá 버읃 뀌 자
현금	tiền mặt 띠엔 맏
카메라	máy ảnh 마애 아잉

도움이 되는 활용 어휘

교통사고	tai nạn giao thông 따이 난 자오 통
구급차	xe cấp cứu 쌔 껍 끄우
경찰서	đồn cảnh sát 돈 까잉 쌋
순찰차	xe tuần tra 쌔 뚜언 짜
진찰실	phòng chẩn đoán 포옹 쩐 도안
접수창구	nơi tiếp nhận 너이 띠엡 녀언
병원	bệnh viện 벵 비엔
의사	bác sĩ 빡 씨
간호사	y tá 이 따
주사	tiêm 띠엠
수술	mổ / phẫu thuật 모/ 퍼우 투얻
약	thuốc 퇵
약국	hiệu thuốc 히에우 퇵
처방전	đơn thuốc 던 퇵
입원	nhập viện 녀읍 비엔

퇴원	ra viện 자 비엔
한약	thuốc bắc 툭 빡
생리대	băng vệ sinh 빵 베 싱
피임약	thuốc tránh thai 툭 짜잉 타이
소화제	thuốc tiêu hóa 툭 띠에우 화
진통제	thuốc giảm đau 툭 잠 다우
감기약	thuốc cảm 툭 감
아스피린	a xờ pê rin 아 서 베 린
진정제	thuốc an thần 툭 안 터은
X레이	X quang 익시 꽝
기브스	bó bột 뽀 볻
알레르기	dị ứng 지 응
감기	cảm 감
목아픔	đau cổ họng 다우 고 홍
기침	ho 호

도움이 되는 활용 어휘

소화불량	tiêu hóa kém 띠에우 화 깸
식중독	ngộ độc thực phẩm 응오 독 특 펌
독	độc, chất độc 독, 쩟 독
폐렴	viêm phổi 비엠 포이
위염	viêm dạ dày 비엠 자 자이
간염	viêm gan 비엠 간
요통	đau lưng 다우 을릉
두통	đau đầu 다우 더우
치통	đau răng 다우 장
복통	đau bụng 다우 붕
위궤양	loét dạ dày 을랟 자 자이
발열	sốt 쏟
변비	táo bón 따오 본
설사	tiêu chảy 띠에우 짜이
구토	nôn 논

질병

호흡곤란	khó thở 코 터
빈혈	thiếu máu 티에우 마우
메스꺼움	nôn nao 논 나오
어지러움	sự chóng mặt 쓰 쫑 맏
가려움증	bị ngứa 비 응으어
벌레에 물림	bị sâu bọ cắn 비 서우 보 깐
벌에 쏘임	bị ong đốt 비 옹 돋
골절	gãy xương 까이 쓰엉
수혈	truyền máu 쭈엔 마우
관절염	viêm khớp 비엠 커업
화상	bỏng 봉
천식	hen suyễn 핸 쑤엔
붕대	băng gạc 빵 각
안약	thuốc nhỏ mắt 툭 녀오 마은
콘택트렌즈	kính áp tròng 낑 압 조옹

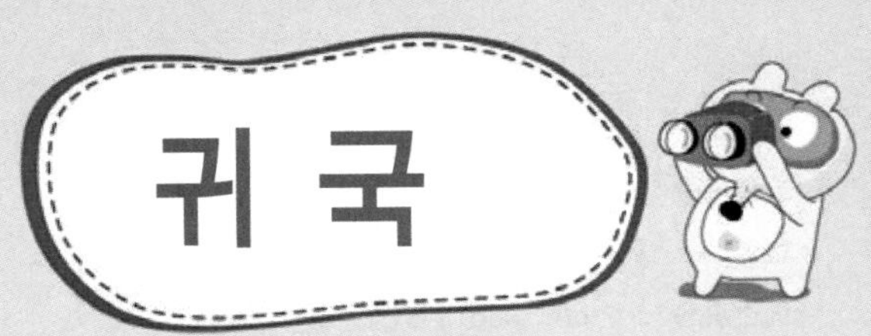

귀국할 때는 빠뜨린 짐이 없는가를 잘 확인하고 늦지 않게 공항에 도착하도록 하자. 특히 여권과 항공권을 다시 한 번 확인하자.

오버 부킹

비행기 좌석수를 초과하여 예약 받는 것을 말하며, 할인 티켓으로 성수기에 여행 중 가장 신경써야 할 부분이다. 공항에 일찍 나가서 항공권을 Boarding pass 탑승권 으로 바꾸는 것이 좋다.

베트남 출국 절차

비행기 출발 최소 2시간 전에 공항에 도착할 수 있도록 시간을 두고 공항으로 간다. 수하물을 위탁하고 탑승권 및 수하물표를 받는다. 출국 수속장에 가서 출국카드를 제출해야 한다. 공항 이용권을 제출하고 X선을 비춰 검사 한 후 탑승구로 이동한다.

귀국(입국)

검역 ⇨ 입국심사 ⇨ 수하물 ⇨ 세관

여행자 휴대품 신고안내

- **면세범위(녹색)**

1. 해외에서 취득하거나 구입한 물품의 총 가격이 $400미만인 경우
2. 주류 : 1병(총 1ℓ 이하, $400이하)
3. 담배 : 담배 200개비이하 ※ 단, 만19세 미만 미성년자의 반입은 제외
4. 향수 : 2온스(약 50㎖이하)

- **자진신고검사대(백색)**

1. 면세 통과 해당 이외의 물품을 가진 사람

- **반입금지**

1. 과일·육류 등 검역 물품
2. 가짜 상품
3. 아편, 대마초, 마약류 및 이들의 제품
4. 위조·모조·변조 화폐
5. 총포·도검류

귀국

귀국시 우리나라공항에서 여행자 휴대품신고서를 모두 작성하고 신고할 것이 있는 사람은 적색라인을 따라가 신고하면 된다.

자주 쓰이는 표현 _ 1

■ 여보세요. 베트남항공입니까?

아 을로 꼬 파이 하앙 항 코옹 벼엔 남 코옹 아

A lô. có phải hãng hàng không Việt Nam không ạ ?

···▸ 그렇습니다.

둥 조이 아

Đúng rồi ạ.

바꿔 말하기

- 대한항공 hàng không Hàn Quốc 항 코옹 하안 꾸억
- 아시아나 hàng không Asiana 항 코옹 아시아나

자주 쓰이는 표현 _ 2

■ 언제로 하시겠습니까?

옹 (아잉, 찌) 쌔 바애 키 나오

Ông (anh, chị) sẽ bay khi nào?

···▶ 30일 이코노미석으로 주십시오.

조 또이 바오 응아이 바 므어이 배 항 트엉

Cho tôi vào ngày ba mươi vé hạng thường.

바꿔 말하기

• 금요일 비즈니스석	thứ sáu vé hạng thương nhân	트 싸우 배 항 트엉 녀언
• 제일 이른 편	chuyến sớm nhất	쭈엔 썸 녀얻
• 제일 늦은 편	chuyến muộn nhất	쭈엔 무언 녀얻

유용한 표현

▼ 서울행 좌석을 예약하고 싶습니다.

또이 무언 닫 쯔억 쪼 디 서울
Tôi muốn đặt trước chỗ đi Seoul.

▼ 탑승권을 잃어버렸습니다.

또이 머은 태 을렌 마애 바애 조이
Tôi mất thẻ lên máy bay rồi.

▼ 다음 비행기는 언제입니까?

쭈엔 바애 띠엡 태오 을라 키 나오
Chuyến bay tiếp theo là khi nào?

▼ 창가쪽 좌석을 부탁합니다.

조 또이 쪼 거은 끄어 소
Cho tôi chỗ gần cửa sổ.

▼ 이 짐을 맡기고 싶습니다.

또이 무언 그이 하잉 을리 나이
Tôi muốn gửi hành lý này.

▾ 수하물표를 주십시오.

조 또이 태 하잉 을리

Cho tôi thẻ hành lý.

▾ 이것을 기내로 가져갈 수 있습니까?

까이 나이 꼬 댐 을렌 마애 바애 드억 코옹

Cái này có đem lên máy bay được không?

▾ 몇 번 탑승구입니까?

을렌 마애 바애 끄어 쏘 메이

Lên máy bay cửa số mấy?

▾ 제 좌석과 출발시간을 확인하고 싶습니다.

또이 무언 싹 딩 을라이 쪼 응오이 바 터이 잔 쑤얻 팓

Tôi muốn xác định lại chỗ ngồi và thời gian xuất phát.

▾ 출발은 제 시간에 합니까?

꼬 커이 하잉 둥 저 코옹

Có khởi hành đúng giờ không?

승차권구입

베트남어를 몰라도 이 카드를 이용하면 승차권을 구입할 수 있습니다.

▷▶ cho tôi chuyến đi____________
____________행을 주십시오.

□ ① tuyến ________ ② từ ga _______ ③ đến ga _______
① ________선 ② ________역에서 ③ _______역까지

□ người lớn _______vé □ trẻ em _______vé
어른 _______장 아이 _______장 6~11세

□ khứ hồi 왕복 □ một chiều 편도

□ ngày 날짜
① giờ 시 _____ ngày 일 _____ tháng 월 _____
② giờ 시 _____ ngày 일 _____ tháng 월 _____
③ giờ 시 _____ ngày 일 _____ tháng 월 _____

□ chỗ hút thuốc 흡연석 □ chỗ không hút thuốc 금연석
□ giường cứng 딱딱한 침대 □ ghế cứng 딱딱한 좌석
□ giường mềm 부드러운 침대 □ ghế mềm 부드러운 좌석

▷▶ xin hãy viết tiền phải trả vào đây.
요금을 써 주십시오.

Tổng cộng 합계 : ________________ đồng

분실 · 도난시

▷▶ ______________를 잃어버렸습니다.

Tôi bị mất

- □ hộ chiếu 여권
- □ séc du lịch 여행자수표
- □ tiền mặt 현금
- □ ví 지갑
- □ thẻ tín dụng 신용카드
- □ cặp, túi 가방
- □ vé máy báy 항공권
- □ ________________ 기타

▷▶ ______________에서 도난당했습니다.

Tôi bị mất trộm ở

- □ trên xe buýt 버스 안
- □ trên tàu hỏa 기차
- □ ở ga 역
- □ trong hàng ăn 식당
- □ trong nhà vệ sinh 화장실
- □ trên đường 길
- □ ________________ 기타

분실 · 도난시

▷▶ ________________에 연락해 주십시오.

Hãy liên lạc giúp tôi đến

- □ đồn cảnh sát 경찰서
- □ đại sứ quán Hàn Quốc 한국대사관
- □ số điện thoại dưới đây 이 번호에

☎ : ________________

미리 연락할 곳을 적어놓자

▷▶ ________________를 써 주십시오.

Viết hộ cho tôi

- □ giấy xác nhận mất đồ 분실증명서
- □ giấy xác nhận tai nạn 사고증명서
- □ ________________ 기타

▷▶ ________________를 재발행해 주십시오.

Cấp lại cho tôi

- □ séc du lịch 여행자수표
- □ visa 비자
- □ thẻ tín dụng 신용카드
- □ ________________ 기타

병원에서 아래 사항에 ✔해서
접수처에 제시하십시오.

khai lý lịch 신상기록

- □ tên 이름 : ______________ 영문으로
- □ tuổi 연령 : ______________
- □ giới tính 성별 : □ nam 남자 □ nữ 여자
- □ quốc tịch 국적 : Hàn Quốc 한국인
- □ Nhóm máu 혈액형 : ______________
- □ Số bảo hiểm 보험증서번호 : ______________
- □ công ty bảo hiểm 가입 보험회사 : ______________

▷▶ ______________가 아픕니다.

Tôi bị đau

- □ đầu 머리
- □ bụng 배
- □ răng 이빨
- □ cổ họng 목구멍

▷▶ ______________.

Tôi bị

- □ chóng mặt 현기증
- □ lạnh 한기가 들다
- □ buồn nôn 토할 것 같음

승차권 구입
분실 도난시
아플 때
처방
부록

아플 때

▷▶ 최근에 수술을 받은 적이 있습니까?

Gần đây đã từng mổ lần nào chưa?

☐ có 네 ☐ chưa 아니오

▷▶ ______________부터 몸이 좋지 않습니다.

Tôi bắt đầu thấy khó chịu từ

☐ sáng hôm nay 오늘 아침

☐ hôm qua 어제

☐ hôm kia 그저께

☐ ba ngày trước đây 3일전

☐ ______________

▷▶ 여행을 계속해도 좋습니까?

Có thể tiếp tục đi du lịch được không?

☐ được 네 ☐ không được 아니오

▷▶ 보험금 청구를 위하여 진단서 혹은 영수증 작성을 부탁드립니다.

Xin viết cho tôi hóa đơn hay phiếu chẩn đoán để tôi làm bảo hiểm.

▷▶ ____________ 다시 오십시오.

Hãy quay lại đây vào

- ☐ ngày mai 내일 ______
- ☐ ba ngày sau 3일 후
- ☐ ____________________

▷▶ ____________일간 안정을 취해 주십시오.

Giữ ổn định trong vòng

- ☐ một ngày 하루동안
- ☐ ba ngày 3일간
- ☐ một tuần 일주일간
- ☐ ____________

▷▶ 약을 ____________ 복용하십시오.

Hãy dùng thuốc

- ☐ sau bữa ăn 식 후
- ☐ trước bữa ăn 식 전
- ☐ 1 ngày 3 lần 하루에 3번
- ☐ 1 ngày____lần 하루에 번

승차권 구입
분실 도난시
아플 때
처방
부록

도움되는 한-베 어휘

한국어 베트남어

ㄱ

한국어	베트남어
가격	자 까 giá cả
가격표	방 자 bảng giá
가게	끄어 항 cửa hàng
가솔린	쌍 xăng
가까운	거은 gần
가난한	응애오 nghèo
가느다란	절 마잉 rất mảnh
가다	디 đi
가득하다	데이 đầy
가라오케	카라오케이 ka-ra-ô-kê
가로	응앙 ngang
가르치다	자이 dạy
가방	갑, 뚜이 cặp, túi
가벼운	녀애 nhẹ
가사	을러이 바이 할 lời bài hát
가수	가 시이 ca sĩ
가재	똠 tôm
가운데	즈어 giữa
가위	깨오 kéo
가을	무어 투 mùa thu
가이드	흐엉 저은 비엔 hướng dẫn viên
가장	녀얻 nhất
가정	자 딩, 냐 gia đình, nhà
가정주부	노이 쩌 자 딩 nội trợ gia đình
가죽	자 da
가죽구두	자이 자 giày da
가지	가잉 꺼이 cành cây
간단한	던 잔 đơn giản
간부	깐 보 cán bộ
간식	안 응와이 쁘어 ăn ngoài bữa
간장	시 저우 xì dầu
간절한	타 티엔 tha thiết
간호사	이 따 y tá
감격하다	감 끽 cảm kích

감기	감 cảm
감동하다	감 똥 cảm động
감염	녀엠 벵 nhiễm bệnh
감자	콰이 떠이 khoai tây
갑자기	뽕 녀엔 bỗng nhiên
값	자 giá
강	쏭 sông
강대한	을런 마잉 lớn mạnh
강도	끄업 cướp
같은	종 녀으 giống như
개	꼰 쪼 con chó
개회	카이 막 호이 응이 khai mạc hội nghị
객실	옹 카익 phòng khách
거스름돈	띠엔 트어 tiền thừa
거울	그엉 gương
거절하다	드 쪼이 từ chối
거행하다	그 하잉 cử hành
걱정하다	을로 을랑 lo lắng
건배	짬 꼭 chạm cốc
건설	쎄이 증 xây dựng
건조	코 khô
건축물	꽁 징 끼엔 쭉 công trình kiến trúc
걷다	브억 bước
검사대	마애 끼엠 짜 máy kiểm tra
검사하다	끼엠 짜 kiểm tra
검정색	마우 땐 màu đen
게 동물	꾸어 cua
게으른	을르어이 lười
겨울	무어 동 mùa đông
견본	머우 mẫu
견학하다	혹 덥 특 떼 học tập thực tế
결정하다	꾸옌 딩 quyết định
결혼하다	껜 혼 / 끄어이 kết hôn, cưới
겸손한	켜엄 똔 khiêm tốn
경유지	너이 개 과 nơi ghé qua
경제	낑 떼 kinh tế
경찰	까잉 쌋 cảnh sát
경찰서	써 까잉 쌋 sở cảnh sát
경치	포옹 까잉 phong cảnh
계란	쯩 가 trứng gà

계산대	궤이 타잉 또안 quầy thanh toán
계산서	피에우 타잉 또안 phiếu thanh toán
계산하다	타잉 또안 thanh toán
계절	무어 mùa
고객	뀌 카익 quý khách
고구마	콰이 올랑 khoai lang
고기	틷 thịt
고모	고 cô
고모부	쭈 (종 고) chú (chồng cô)
고양이	꼰 매오 con mèo
고의로	꼬 이 cố ý
고추	언 ớt
고추장	뜨엉 언 tương ớt
곧	응아이 올럽 뜩 ngay lập tức
골절	까이 쓰엉 gãy xương
골프	곤 golf
곰	꼰 꺼우 con gấu
공무원	비엔 쯕 viên chức
공예품	도 미이 응에 đồ mỹ nghệ
공원	꽁 비엔 công viên
공중전화	디엔 톼이 꽁 공 điện thoại công cộng
공항	썬 바애 sân bay
과일	화 꽈 hoa quả
관계	꽌 헤 quan hệ
관광버스	쌔 부읻 주 올릭 xe buýt du lịch
관광지	쿠 주 올릭 khu du lịch
관람	쌤 xem
광천수	느억 콰앙 nước khoáng
교육	자오 죽 giáo dục
교통	자오 통 giao thông
구급차	쌔 껍 끄우 xe cấp cứu
구름	메이 mây
구명조끼	아오 끄우 호 áo cứu hộ
국	까잉 canh
국민	녀언 전 nhân dân
국수	빠잉 퍼 bánh phở
국제전화	디엔 톼이 꾸억 떼 điện thoại quốc tế
굵은	토 / 또 thô / to
귀	따이 tai
귀걸이	화 따이 hoa tai

귀중품	도 뀌 자 đồ quý giá
귀찮다	코옹 틱, 짠 không thích, chán
굴	꼰 하우 con hàu
그릇	빧 bát
그림	짜잉 tranh
그저께	홈 끼어 hôm kia
극장	잡 핟 rạp hát
근	꺼은 cân
금	방 vàng
금년	남 나애 năm nay
금연석	쪼 코옹 훋 투옥 chỗ không hút thuốc
금요일	트 싸우 thứ sáu
기념	기 념 / 을류 념 kỷ niệm, lưu niệm
기념품	도 기 념 đồ kỷ niệm
기다리다	더이 đợi
기록	기 쨉 ghi chép
기름	저우 dầu
기본요금	띠엔 커이 디엠 tiền khởi điểm
기쁜	부이 vui
기숙사	끼 뚝 싸 ký túc xá
기술	끼 투엇 kỹ thuật
기온	녀엔 도 nhiệt độ
기자	끼 자 ký giả
기차	따우 화 tàu hỏa
기차역	가 따우 화 ga tàu hỏa
기침	호 ho
기혼	다아 껟 혼 đã kết hôn
기회	거 호이 cơ hội
긴	자이 dài
김치	김 치 Kim Chi
깊은	서우 sâu
깨끗한	사익 sạch
깨다	띵 tỉnh
꽃	화 hoa

ㄴ

나	또이 tôi
나이프	자오 안 dao ăn
나무	꺼이 / 고 cây / gỗ
나쁜	써우 xấu
나오다	디 자 đi ra

나이 뚜어이 tuổi
낚시 꺼우 까 câu cá
난방 포옹 꼬 올로 스어이 phòng có lò sưởi
날씨 터이 띠엔 thời tiết
날씬한 마잉 마이 mảnh mai
날짜 응아이 ngày
남동생 앰 짜이 em trai
남자 꼰 짜이 con trai
남쪽 흐엉 남 hướng nam
남편 쫑 chồng
낮은 텁 thấp
내과 노이 콰 nội khoa
내일 응아이 마이 ngày mai
냅킨 칸 안 khăn ăn
냉난방 포옹 꼬 디에우 화 하이 찌에우 phòng có điều hòa hai chiều
냉장고 뚜 올라잉 tủ lạnh
넓은 좀 rộng
넘어지다 브엇 과 vượt qua
넥타이 가 받 cà vạt
노동 올라오 동 lao động
노란색 마우 방 màu vàng
노래하다 핟 hát
노점 꽌 벤 드엉 quán bên đường
녹색 마우 싸잉 올라 꺼이 màu xanh lá cây
놀다 쩌이 chơi
농구 뽕 조 bóng rổ
농부 농 전 nông dân
높은 까오 cao
누구 아이 ai
누나 찌 chị
눈 雪 뚜엳 tuyết
눈 目 마읃 mắt
눕다 남 nằm
느끼다 깜 테이 cảm thấy
느낌 깜 녀언 cảm nhận
느린 쩜 chậm
늙은 자 già

ㄷ

다리 橋 거우 cầu
다리 脚 쩌은 chân

다시	을라이	lại
다치다	다우	đau
단추	퀴	khuy
닫다	동	đóng
달	맏 짱	mặt trăng
달다	응옫	ngọt
달러	도 을라	đô la
달리다	짜애	chạy
닭고기	틷 가	thịt gà
담배	툭 을라	thuốc lá
담배피다	훋 툭 을라	hút thuốc lá
담요	짠 뎀	chăn đệm
대개	다이 테 / 다이 카이	đại thể, đại khái
대단히	헨 쓱	hết sức
대답하다	짜아 을러이	trả lời
대략	다이 카이	đại khái
대사관	다이 쓰 꾸안	đại sứ quán
대통령	통 동	tổng thống
대학	다이 혹	đại học
대합실	포옹 저	phòng chờ
더러운	번	bẩn
더욱	강	càng
더운	농	nóng
도둑	안 쫌	ăn trộm
도서관	트 비엔	thư viện
도시	타잉 포	thành phố
도자기	도 꼼 쓰	đồ gốm sứ
도착하다	덴 너이	đến nơi
독서	독 싸익	đọc sách
돈	띠엔	tiền
돈가방	뛰 띠엔	túi tiền
돌아오다	꾸아이 을라이	quay lại
돕다	즙 더	giúp đỡ
동물	동 버읃	động vật
동물원	브언 투	vườn thú
동상 銅像	뜨엉 동	tượng đồng
동의하다	동 이	đồng ý
동전	띠엔 수	tiền xu
동쪽	흐엉 동	hướng đông
돼지고기	틷 을런	thịt lợn

두꺼운	자이 dày
두통	다우 더우 đau đầu
뒤쪽	피어 사우 phía sau
듣다	응애 nghe
들어오다	바오 vào
등기우편	트 바오 담 thư bảo đảm
등산	을래오 누이 leo núi
등심	틷 탄 (틷 을릉) thịt thăn (thịt lưng)
디스코텍	부 쯔엉 vũ trường
디저트	몬 짱 미엥 món tráng miệng
따뜻한	엄 ấm
딸	꼰 가이 con gái
딸기	꽈 저우 quả dâu
땅콩	을락 lạc
떠나다	자 디 / 저이 사 ra đi, rời xa
뚱뚱한	빼오 존 béo tròn

ㄹ

라면	미 mỳ
레모네이드	느억 짜잉 nước chanh
렌트카회사	다이 을리 조 투에 쌔 오 또 đại lý cho thuê xe ô tô
로비	띠엔 싸잉 tiền sảnh
로션	깸 즈엉 자 kem dưỡng da
립스틱	쏜 모이 son môi

ㅁ

마늘	구 또이 củ tỏi
마른	코 / 칻 khô, khát
마사지	맏 사 mát xa
마시다	우엉 uống
마약	마 뛰 ma túy
마티니	즈어우 막 띤 rượu mác-tin
마일 mile	잠 dặm
마중하다	디 돈 đi đón
만나다	갑 gặp
만년필	뿓 마애 bút máy
만두	만 터우 màn thầu
만들다	을람 làm
만족하다	하이 을롱 hài lòng
많은	녀에우 nhiều
말 馬	응으어 ngựa
말 言	을러이 노이 lời nói

말하다	노이 nói
맛	비 vị
맛보다	넴 nếm
맛있다	응온 ngon
맞은쪽	피어 또이 지엔 phía đối diện
매니저	꽌 을리 quản lý
매독	벵 자앙 마이 bệnh giang mai
매우	꽈 / 절 quá, rất
매표소	너이 빤 배 nơi bán vé
맥박	마익 mạch
맥주	비어 bia
맵다	까이 cay
머리	더우 đầu
머리카락	똑 tóc
머무르다	증 을라이 dừng lại
먹다	안 ăn
멀다	사 xa
멀미주머니	뚜이 논 túi nôn
메뉴판	방 메 누 bảng me nu
면 옷감	바이 뽕 vải bông
면도	까오 저우 cạo râu
면세점	끄어 항 미엔 투에 cửa hàng miễn thuế
모레	응아이 끼어 ngày kia
모르다	코옹 삐엔 không biết
모양	힝 장 hình dáng
모자	무우 mũ
모자라다	티에우 thiếu
모조품	항 녀아이 hàng nhái
목	고 cổ
목걸이	봉 고 vòng cổ
목욕수건	칸 땀 khăn tắm
목적지	디엠 띡 덴 điểm đích đến
몸	턴 테 thân thể
무거운	낭 nặng
무늬 없는	코옹 꼬 화 반 không có hoa văn
무대	썬 커우 sân khấu
무엇	지 gì
무역회사	꽁 띠 트엉 마이 công ty thương mại
문	끄어 cửa
묻다	호이 hỏi

물	느억 nước
물수건	칸 으얻 khăn ướt
물건	도 버읃 đồ vật
뮤지컬	가 끽 ca kịch
미술관	냐 쯩 바이 미이 투얻 nhà trưng bày mỹ thuật
미안하다	씬 을로이 xin lỗi
미용실	텀 미이 비엔 thẩm mỹ viện
미터	맫 mét
미혼	쯔어 껟 혼 chưa kết hôn
민박	쪼 냐 전 trọ nhà dân
민속무용	무어 전 독 múa dân tộc

ㅂ

바 bar	꽌 바 quán bar
바겐세일	빤 하 자 bán hạ giá
바구니	조 자 giỏ
바꾸다	도이 đổi
바나나	쭈어이 chuối
바늘	김 kim
바다	비엔 biển
바람	쪼 gió
바쁜	번 bận
바지	꾸언 quần
박람회	을레 쯩 바이 산 펌 lễ trưng bày sản phẩm
박물관	비엔 바오 따앙 viện bảo tàng
박수치다	뽀 따애 vỗ tay
반 半	몯 느어 một nửa
반입금지품	항 껌 녀읍 hàng cấm nhập
반지	녀언 nhẫn
반창고	빵 벧 트엉 băng vết thương
받아두다	녀은 을레이 nhận lấy
발생하다	팓 싱 phát sinh
밝은	싸앙 sáng
밤 夜	반 뎀 ban đêm
밥	껌 cơm
방	포옹 phòng
방금	브어 나이 vừa nãy
방문하다	탐 thăm
방학하다	응이혹 nghỉ học
배 과일	꽈 을레 quả lê
배 腹	붕 bụng

배 船 투엔 thuyền

배고픈 도이 đói

배구 뽕 쭈옌 bóng chuyền

배드민턴 거우 올롱 cầu lông

배부른 노 no

배우 지옌 비옌 diễn viên

배우다 혹 học

백 100 몯 짬 một trăm

백포도주 즈어우 바앙 짱 rượu vang trắng

백화점 빠익 화 bách hóa

버스 쌔 부읻 xe buýt

버스정류장 벤 쌔 부읻 bến xe buýt

버스표 배 쌔 부읻 vé xe buýt

번거롭다 올론 손 lộn xộn

번화가 쿠 동 부이 khu đông vui

변비 따오 본 táo bón

법 올루얻 luật

벗다 거이 cởi

변호사 올루얻 스 luật sư

병맥주 비어 짜이 bia chai

병원 벵 비엔 bệnh viện

보관 바오 꽌 / 즈 bảo quản, giữ

보너스 띠엔 트엉 tiền thưởng

보다 녀인 / 쌤 nhìn, xem

보리 올뤄 미 lúa mỳ

보석 다 뀌 đá quý

보통열차 따우 트엉 tàu thường

보통우편 트 그이 트엉 thư gửi thường

보트 투엔 녀오 thuyền nhỏ

보험 바오 혐 bảo hiểm

복숭아 꽈 다오 quả đào

복장 안 막 ăn mặc

복통 다우 붕 đau bụng

볶다 장 rang

볼링 볼링 bowling

부르다 고이 gọi

부부 버 종 vợ chồng

부유한 자우 꼬 giàu có

부인 푸 녀언 phu nhân

부채 꽏 검 따애 quạt cầm tay

부츠	뽇 bốt
부치다 편지	그이 gửi
북쪽	피여 빡 phía bắc
분실	머읃 mất
분실물	도 비 머읃 đồ bị mất
분위기	코옹 키 không khí
불편하다	뻗 띠엔 / 코 지우 bất tiện, khó chịu
붕대	빵 이 떼 băng y tế
브랜디	즈어우 브 랜 디 rượu bran-đi
비	므어 mưa
비누	사 포옹 xà phòng
비단	바이 뽁 vải vóc
비상계단	거우 탕 토앋 혐 cầu thang thoát hiểm
비상문	끄어 토앋 혐 cửa thoát hiểm
비서	트 끼 thư ký
비슷한	쫑 giống
비싼	딷 đắt
비용	지 피 chi phí
비자	비 자 visa
비행기	마애 바애 máy bay
빌리다	므언 mượn
빠른	냐잉 nhanh
빨강색	마우 도오 màu đỏ
빨리	몯 까익 냐잉 một cách nhanh
빵	빠잉 미 bánh mỳ
뼈	쓰엉 xương

ㅅ

사거리	응아 뜨 ngã tư
사고	따이 난 tai nạn
사과	꽈 따오 quả táo
사다	무어 mua
사무실	반 포옹 văn phòng
사업	꽁 비엑 công việc
사용설명서	제이 흐엉 전 쓰 중 giấy hướng dẫn sử dụng
사용중	당 (꼬 응어이) 쓰 중 đang (có người) sử dụng
사원 寺院	주어 chùa
사이다	소 다 sô đa
사이즈	꺼 cỡ
사전	드 디엔 từ điển
사진	아잉 ảnh

사회	싸 호이 xã hội
산	누이 núi
살다	쑹 sống
삶다	을루억 luộc
상인	트엉 녀언 thương nhân
상점	끄어 항 cửa hàng
새로운	머이 mới
새우	똠 tôm
색깔	마우 싹 màu sắc
샌드위치	빠잉 샌 위즈 bánh sandwich
생각하다	응이 nghĩ
생산하다	산 쑤얻 sản xuất
생일	싱 녀얻 sinh nhật
생활	싱 홧 sinh hoạt
샴푸	저우 고이 더우 dầu gội đầu
서비스	푸욱 부 phục vụ
서비스요금	띠엔 푸욱 부 tiền phục vụ
서울	서울 Seoul
서점	히에우 싸익 hiệu sách
서쪽	피어 떠이 phía tây
선물	과 땅 quà tặng
선생	자오 비엔 giáo viên
선생님	터이 자오 / 고 자오 thầy giáo, cô giáo
선풍기	꽏 디엔 quạt điện
설명하다	자이 틱 giải thích
설사	띠에우 짜이, 디 응와이 tiêu chảy, đi ngoài
설탕	드엉 đường
섬	다오 đảo
성 城	타잉 thành
성 性	저이 띵 giới tính
성인	응어이 을런 người lớn
세관	하이 꾸안 hải quan
세계	테 저이 thế giới
세금	띠엔 투에 tiền thuế
세수수건	칸 맏 khăn mặt
소고기	팉 보 thịt bò
소금	무어이 muối
소매치기	목 뚜이 móc túi
소포	쁘우 펌 bưu phẩm
소화불량	띠에우 화 깸 tiêu hóa kém

빠른 등기	쭈엔 팓 냐잉 chuyển phát nhanh
손가락	응온 따애 ngón tay
손가방	뚜이 싸익 따애 túi xách tay
손목시계	동 호 대오 따애 đồng hồ đeo tay
손톱 깎기	깓 몽 따애 cắt móng tay
쇼	서우 징 지엔 show trình diễn
쇼핑센터	쭝 떰 무어 쌈 trung tâm mua sắm
수건	칸 따애 khăn tay
수박	즈어 허우 dưa hấu
수영장	베 버이 bể bơi
수신자부담전화	디엔 퇴이 응어이 응애 짜아 띠엔 điện thoại người nghe trả tiền
수하물표	태 하잉 올리 thẻ hành lý
숙박하다	어 쪼 ở trọ
숟가락	티어 thìa
술	즈어우 rượu
슈퍼마켓	씨에우 티 siêu thị
스낵바	꼬안 즈어우 녀오(스낵바) quán rượu nhỏ
스테이크	삗 뗃 bít tết
스튜어디스	느으 띠엡 비엔 nữ tiếp viên
스파게티	미 스 바 겥 띠 mỳ x-pa-ghet-ti
슬롯머신	마애 다잉 박, 마애 쩌이 쭝 트엉 máy đánh bạc, máy chơi trúng thưởng
시간	터이 잔 thời gian
시내관광	탐 꼬안 타잉 포 thăm quan thành phố
시내버스	쌔 부읻 노이 타잉 xe buýt nội thành
시내중심가	쿠 쭝 떰 타잉 포 khu trung tâm thành phố
시원한	마앋 mát
시장	쩌 chợ
식당	항 안 hàng ăn
식물원	브언 특 버읃 vườn thực vật
식사	안 우엉 ăn uống
식중독	응오 독 특 펌 ngộ độc thực phẩm
식초	쩜 dấm
신고	카이 빠오 khai báo
신문	빠오 báo
신발	자이 giày
신용카드	태 띤 중 thẻ tín dụng
신청	씬 xin
싱글룸	포옹 던 phòng đơn

싸다
재
rẻ

쌀밥
껌 가오 짱
cơm gạo trắng

쓴 맛
당
đắng

ㅇ

아내
버어
vợ

아들
끈 짜이
con trai

아래쪽
피어 즈어이
phía dưới

아름다운
댑
đẹp

아버지
뽀
bố

아이
째 끈
trẻ con

아이스크림
깸
kem

아침
싸앙
sáng

아침식사
쁘어 싸앙
bữa sáng

아프다
다우
đau

악수하다
빧 따애
bắt tay

악어가죽
자 까 써우
da cá sấu

안
쪼옹
trong

안내
흐엉 즈언
hướng dẫn

안전벨트
제이 안 또안
dây an toàn

안쪽
벤 쪼옹
bên trong

앉다
응오이
ngồi

알려주다
조 삐엗
cho biết

애인
응어이 이에우
người yêu

야구
뽕 자이
bóng chày

야채
자우
rau

약
퉉
thuốc

약국
히에우 퉉
hiệu thuốc

약속하다
흐어
hứa

양고기
틷 끄우
thịt cừu

양념
자 비
gia vị

양말
삗 떧
bít tất

양식
몬 안 프엉 떠이
món àn phương Tây

양파
하잉 떠이
hành Tây

얕은
농
nông

어떻게
테 나오
thế nào

어려운
코오
khó

어머니
매
mẹ

어제
홈 과
hôm qua

언니
찌
chị

얼굴
맏
mặt

한국어	발음	베트남어
얼마	빠오 녀에우	bao nhiêu
얼음	다	đá
없다	코옹 꼬	không có
~에 (없다)	코옹 어	không ở
엘리베이터	꺼우 타앙 마애	cầu thang máy
여객선	따우 쩌어 카익	tàu chở khách
여관	냐 쪼	nhà trọ
여권	호 찌에우	hộ chiếu
여종업원	느으 푸욱 부	nữ phục vụ
여기	데이	đây
여동생	앰 까이	em gái
여름	무어 해	mùa hè
여행	주 을릭	du lịch
여행안내서	더 흐엉 전 주 을릭	tờ hướng dẫn du lịch
역	가	ga
역사	을릭 스	lịch sử
연락처	디어 찌 을련 을락	địa chỉ liên lạc
연어	까 호이	cá hồi
열쇠	찌어 콰	chìa khóa
열이 나다	팓 쏟	phát sốt

한국어	발음	베트남어
엽서	브우 티엡	bưu thiếp
영수증	화 던	hóa đơn
영어	띠엥 아잉	tiếng Anh
영화	디엔 아잉	điện ảnh
옆	벤 까잉	bên cạnh
예매	닫 무어 쯔억	đặt mua trước
예약하다	다읃 쯔억	đặt trước
예약금	띠엔 닫 쯔억	tiền đặt trước
오늘	홈 나애	hôm nay
오다	덴	đến
오래된	을러우	lâu
오른쪽	벤 파이	bên phải
오전	뷔이 싸앙	buổi sáng
오후	뷔이 찌에우	buổi chiều
온도	녀엘 도	nhiệt độ
옷	아오	áo
와이셔츠	아오 서 미	áo sơ mi
완구점	항 도 쩌이	hàng đồ chơi
외국인	응어이 느억 응와이	người nước ngoài
왼쪽	벤 짜이	bên trái

요금	띠엔 (띠엔 짜아) tiền (tiền trả)
욕실	포옹 땀 phòng tắm
우리	쭝 또이 / 쭝 다 chúng tôi / chúng ta
우산	오 ô
우유	쓰어 sữa
우체국	쁘우 디엔 bưu điện
우표	땜 tem
운동하다	덥 테 타오 tập thể thao
운전기사	을라이 쌔 lái xe
운전면허증	제이 팹 을라이 쌔 giấy phép lái xe
웨이터	녀언 비엔 푸욱 부 nhân viên phục vụ
울다	콕 khóc
웃다	그어이 cười
원숭이	꼰 키 con khỉ
위쪽	피어 쩬 phía trên
유람선	투엔 주 을릭 thuyền du lịch
유명한	노이 띠엥 nổi tiếng
유물	지 버읃 di vật
은	박 bạc
은행	응언 항 ngân hàng

음료수	느억 자이 칻 nước giải khát
음식	몬 안 món ăn
음악	엄 녀악 âm nhạc
의사	빡 씨 bác sĩ
의자	게 ghế
이것	까이 나이 cái này
이륙하다	껃 까잉 cất cánh
이름	뗀 tên
이상한	기 을라 kì lạ
이해하다	히에우 hiểu
일	꽁 비엑 công việc
잃어버리다	머읃 mất
입	미엥 miệng
입구	을로이 바오 lối vào
입국카드	더 카이 녀읍 까잉 tờ khai nhập cảnh
입다	막 mặc
입장권	배 바오 끄어 vé vào cửa
입장료	띠엔 배 바오 끄어 tiền vé vào cửa
있다	꼬 có
~에 (있다)	어 ở

잊다	꾸엔 quên

ㅈ

자다	응우 ngủ
자동차	쌔 오 또 xe ô tô
자전거	쌔 답 xe đạp
작년	남 응와이 năm ngoái
작은	녀오 nhỏ
잔돈	띠엔 율래 tiền lẻ
잠옷	아오 응우 áo ngủ
잡지	답 찌 tạp chí
장사	비엑 붠 빤 việc buôn bán
재떨이	갇 단 gạt tàn
재미있다	하이 / 투 비 hay, thú vị
재발급	껍 울라이 cấp lại
잼	믇 mứt
쟁반	멈 mâm
저것	까이 끼어 cái kia
저녁	또이 tối
저녁밥	껌 또이 cơm tối
적은	읻 ít
적포도주	즈어우 바앙 도오 rượu vang đỏ
전부	또안 보 toàn bộ
전시장	너이 쯩 바이 nơi trưng bày
전자제품	항 디엔 드 hàng điện tử
전화	디엔 톼이 điện thoại
전화번호	쏘 디엔 톼이 số điện thoại
젊은	째 trẻ
점심	쯔어 trưa
점심밥	껌 쯔어 cơm trưa
접시	디어 đĩa
젓가락	두어 đũa
정류장	벤 도오 (디엠 증) bến đỗ (điểm dừng)
제일	녀얻 nhất
조금	몯 쭏 một chút
조심하다	그언 턴 cẩn thận
졸업하다	똗 응이엡 tốt nghiệp
좁은	햅 hẹp
종업원	녀언 비엔 nhân viên
종이	제이 giấy
좋아하다	틱 thích

좋은	똑 tốt
좌석	쪼 응오이 chỗ ngồi
주량	뜨우 을르엉 tửu lượng
주류	을롸이 즈어우 loại rượu
주문하다	고이 몬 안 gọi món ăn
주사	띠엠 tiêm
주요한	주 이에우 chủ yếu
주유소	디엠 빤 쌍 điểm bán xăng
주의하다	쭈이 chú ý
주인	주 chủ
죽다	쩬 chết
준비하다	쭈언 비 chuẩn bị
줄무늬	화 반 쏙 hoa văn sọc
중간	즈어 giữa
중국요리	몬 쭝 꾸억 món Trung Quốc
쥬스	느억 화 꽈 nước hoa quả
즐거운	부이 vui
지갑	비 ví
지구	짜이 덛 trái đất
지나다	디 과 đi qua

지도	반 도 bản đồ
적포도주	즈어우 바앙 도오 rượu vang đỏ
지정좌석	쪼 응오이 태오 배 chỗ ngồi theo vé
지폐	띠엔 제이 tiền giấy
지하층	떵 응엄 tầng ngầm
직업	응에 응엽 nghề nghiệp
직원	녀언 비엔 nhân viên
직행버스	쌔 짜애 쑤얻 (짜애 탕) xe chạy suốt (chạy thẳng)
진주	응옥 짜이 ngọc trai
진통제	퇵 잠 다우 thuốc giảm đau
질병	벵 bệnh
짐꾼	응어이 버은 쭈엔 người vận chuyển
짐	하잉 을리 hành lý
짠	만 mặn
짧은	응안 ngắn

ㅊ

차	자 trà
차	쌔 오 또 xe ô tô
차멀미	싸이 쌔 say xe
차비	띠엔 쌔 tiền xe

착륙하다 하 까잉 hạ cánh

참치 까 응으 cá ngừ

창가 쪼 거은 끄어 소 chỗ gần cửa sổ

찾다 딤 tìm

책 싸익 sách

처방전 던 퉉 đơn thuốc

처음 더우 / 을런 더우 đầu, lần đầu

천 1,000 몯 응인 một nghìn

청량음료 느억 자이 칻 꼬 가 nước giải khát có ga

체온 녀엔 도 꺼 테 nhiệt độ cơ thể

체크아웃 짹 아우 (짜아 포옹) check out (trả phòng)

체크인 짹 인 (녀은 포옹) check in (nhận phòng)

초콜렛 소 고 을라 sô cô la

촬영하다 쥽 / 꽈이 chụp, quay

추가요금 띠엔 푸 쪼이 tiền phụ trội

축구 뽕 다 bóng đá

축제 을레 호이 lễ hội

출구 을로이 자 lối ra

출발하다 쑤얻 팓 xuất phát

춤추다 냐애 nhảy

춥다 을라잉 lạnh

취미 서 틱 sở thích

취소하다 휘 보 hủy bỏ

치과 콰 장 khoa răng

치마 바이 váy

치약 퉉 다잉 장 thuốc đánh răng

치킨 틷 가 잔 thịt gà rán

치통 다우 장 đau răng

친구 빤 bạn

친척 호 항 họ hàng

침대 즈엉 giường

칫솔 반 자이 다잉 장 bàn chải đánh răng

ㅋ

카드열쇠 콰 태 드 khóa thẻ từ

카메라 마애 아잉 máy ảnh

카지노 가 시 노 ca si nô

칵테일 꼭 따이 cốc-tai (cocktail)

커피 가 페 cà phê

커피숍 꼬안 가 페 quán cà phê

컴퓨터 마애 띵 máy tính

컵	꼭 cốc
케익	빠잉 응옫 bánh ngọt
코	무이 mũi
코끼리	꼰 보이 con voi
콘센트	오 깜 디엔 ổ cắm điện
콜라	고 가 고 을라 cô ca cô la
콩	더우 đậu
큰	또 / 을런 to/ lớn
키	지에우 자이 chiều dài

ㅌ

타다 馬	끄어이 cưỡi
타다 車	디 쌔 đi xe
탁구	뽕 반 bóng bàn
탑	탑 tháp
탑승구	끄어 을렌 (마애 바애) cửa lên (máy bay)
택시	딱 시 tắc xi
택시요금	띠엔 딱 시 tiền tắc xi
테니스	때 닏 te nít
텔레비전	띠 비 ti vi
튀긴 감자	콰이 떠이 잔 khoai tây rán
트윈룸	포옹 도이(하이 즈엉) phòng đôi (hai giường)
특급열차	따우 닥 비엗 냐잉 tàu đặc biệt nhanh
특별하다	닥 비엗 đặc biệt
특산품	도 닥 산 đồ đặc sản
팁	띠엔 뽜 tiền boa

ㅍ

파랑색	마우 싸잉 자 저이 màu xanh da trời
파티	띠엑 tiệc
팔다	빤 bán
팜플렛	싸익 몽 (싸익 저이 티에우) sách mỏng (sách giới thiệu)
패스트푸드	몬 안 냐잉 món ăn nhanh
편도	몯 찌에우 một chiều
편안한	이엔 온 yên ổn
편지	트 thư
포도	뇨 nho
포도주	즈어우 바앙 뇨 rượu vang nho
포장하다	동 고이 đóng gói
포크	니어 nĩa
표	배 vé
표시하다	비에우 티 biểu thị

프론트데스크	꿔이 을레 떤은 quầy lễ tân
플랫폼	썬은 가 sân ga
필름	핌 phim
필요 없다	코옹 거은 không cần
필요하다	거은 cần

ㅎ

하얀색	마우 짱 màu trắng
하루 종일	쑤엇 응아이 suốt ngày
학교	쯔엉 혹 trường học
학생	혹 싱 học sinh
한가하다	자잉 조이 rảnh rỗi
한국	하안 꾸억 Hàn Quốc
한국사람	응어이 하안 꾸억 người Hàn Quốc
한국어	띠엥 하안 꾸억 tiếng Hàn Quốc
한자	쯔 한 chữ Hán
할 수 있다	꼬 테 có thể
할인	하 자 hạ giá
핫도그	홋 독 hot dog
함께	구웅 cùng
항공권	배 마애 바애 vé máy bay
항구	가앙 (항 하이) cảng (hàng hải)
해산물	하이 산 hải sản
해변	버 비엔 bờ biển
핸드백	뚜이 싸익 따애 túi xách tay
햄버거	함 버 거 hăm bơ gơ
향기로운	텀 thơm
향수	느억 화 nước hoa
향토음식	몬 안 닥 산 món ăn đặc sản
허리	을릉 lưng
헤어지다	찌어 따애 chia tay
현금	띠엔 맏 tiền mặt
현기증	쫑 맏 chóng mặt
현재	현 따이 hiện tại
혈압	후옏 압 huyết áp
혈액형	녀옴 마우 nhóm máu
형	아잉 anh
호랑이	꼰 호 con hổ
호박	즈어 dưa
호수	호 hồ
호숫가	버 호 bờ hồ

호출버튼	눋 쭈엉 nút chuông
호텔	카익 싼 khách sạn
혼자	몯 밍 một mình
혼잡	호온 땁 hỗn tạp
홍차	자 댄 trà đen
화물요금	띠엔 항 호아 tiền hàng hóa
화장실	냐 베 싱 nhà vệ sinh
화가	화 시이 họa sĩ
화상	벧 봉 vết bỏng
화장품	미이 펌 mỹ phẩm
확실히	터음 (트윽) thật (thực)
확인	싹 녀언 xác nhận
환율	디 자 호이 되이 tỉ giá hối đoái
환전	도이 띠엔 đổi tiền
환전소	너이 도이 띠엔 nơi đổi tiền
홈스테이	홈 스테이 (쪼) home stay (trọ)
훔치다	안 쫌 ăn trộm
휴게실	너이 응이 쩌은 nơi nghỉ chân
휴대전화	디엔 퇴이 검 따애 điện thoại cầm tay
휴대품	항 싸익 따애 / 도 마앙 태오 hàng xách , đồ mang theo
휴식	응이 nghỉ
휴지	제이 을라우 giấy lau
흐린	머 / 무 (꼬 메이) mờ, mù (có mây)
흑백	댄 짱 đen trắng
흡연석	쪼오 드억 훋 퉉 chỗ được hút thuốc
흰색	마우 짱 màu trắng

저 자 Lưu Tuấn Anh
발행일 2024년 8월 25일 발행인 김인숙 발행처 (주)동인랑
Printing 삼덕정판사

01803
서울시 노원구 공릉동 653-5
대표전화 02-967-0700 팩시밀리 02-967-1555 출판등록 제 6-0406호

ISBN 978-89-7582-681-8

인터넷의 세계로 오세요! www.donginrang.co.kr
webmaster@donginrang.co.kr

(주)동인랑에서는 참신한 외국어 원고를 모집합니다.

잘못된 책은 교환해 드립니다.

동인랑